E. W. Benecke

Über einige Muschelkalkablagerungen der Alpen

E. W. Benecke

Über einige Muschelkalkablagerungen der Alpen

ISBN/EAN: 9783743378230

Hergestellt in Europa, USA, Kanada, Australien, Japan

Cover: Foto ©Andreas Hilbeck / pixelio.de

Manufactured and distributed by brebook publishing software (www.brebook.com)

E. W. Benecke

Über einige Muschelkalkablagerungen der Alpen

GEOGNOSTISCH-PALÄONTOLOGISCHE
BEITRÄGE.

HERAUSGEGEBEN

UNTER MITWIRKUNG VON DR. U. SCHLOENBACH IN WIEN
UND DR. W. WAAGEN IN MÜNCHEN

VON

DR. E. W. BENECKE,
DOCENT AN DER UNIVERSITÄT HEIDELBERG.

ZWEITER BAND.

I. Heft.

ENTHALTEND

ÜBER EINIGE MUSCHELKALK-ABLAGERUNGEN DER ALPEN VON DR. E. W. BENECKE.
DIE PFLANZENRESTE DES MUSCHELKALKES VON RECOARO VON PROFESSOR DR. SCHENK.

MÜNCHEN, 1868.
R. OLDENBOURG.

UEBER EINIGE MUSCHELKALK - ABLAGERUNGEN DER ALPEN.

VON

DR. E. W. BENECKE
IN HEIDELBERG.

MÜNCHEN, 1868.
R. OLDENBOURG.

Nach einem ersten Besuche der Umgebungen von Recoaro im Jahre 1864 sprach ich die Ansicht aus[1]), dass die Brachiopodenbänke des dortigen Muschelkalks, auf die der Name Virgloriakalk übertragen worden war, in paläontologischer Hinsicht wohl einen Vergleich mit deutschem Wellenkalk zuliessen, dass aber ein direkter Nachweis eines Aequivalents des deutschen oberen Muschelkalks zur Zeit weder bei Recoaro, noch sonst in den Alpen geliefert werden könne. Einen positiven Anhaltspunkt für eine solche Auffassung fand ich in der damals eben erschienenen Arbeit Sandberger's[2]), in der gezeigt wurde, dass nicht nur in Oberschlesien, wie Eck bereits nachgewiesen hatte, sondern auch in Franken, die Bänke mit alpinen Brachiopoden stets unter den Schichten des *Ceratites nodosus* liegen, einen negativen aber darin, dass *Ceratites nodosus* selbst den Alpen fremd ist. Aus dem häufigen Vorkommen von Pflanzenresten theils mit, theils unmittelbar über diesen Brachiopodenbänken glaubte ich ferner den Schluss ziehen zu dürfen, dass gegen Ende des Wellenkalks in den Alpen eine Hebung stattgefunden habe, und dass, während in Deutschland und dem östlichen Frankreich das Meer mit *Ceratites nodosus* ein grosses Areal bedeckt, im Vizentinischen Festland zu Tage getreten sei, das sich bald mit einer einförmigen aber üppigen Vegetation überzog.

Die Brachiopodenschichten sind aber nicht die einzige Erscheinungsweise alpinen Muschelkalk's. Ein gleiches Interesse beanspruchen die erst in neuerer Zeit in ihrer ganzen Bedeutung erkannten Cephalopodenschichten mit *Ceratites binodosus* Hau. und *Ammonites Studeri* Hau., die ich zwar auch früher mehrfach angetroffen, aber, auf mangelhaftes Material gestützt, in ihrer Stellung verkannt hatte, indem ich sie mit den sogenannten Hallstädter Schichten in Verbindung brachte. Ausser einem nicht gut erhaltenen *Ammonites Studeri*, der den seitdem von mir eingezogenen Namen *Amm. gibbus*

---
[1]) Diese Beiträge, Bd. I. p. 59.
[2]) Würzburger naturwiss. Zeitschr., Bd. V. p. 201.

erhielt, lag nur noch eine neue als *Ceratites curyomphalus* beschriebene Art vor, die zur Bestimmung des Alters der Schichten keinen Anhalt bot.

In den letzten Jahren ist nun vieles zur Erweiterung unserer Kenntnisse sowohl des alpinen, als des ausseralpinen Muschelkalks geschehen. Stur[1]) wies nach einer Durchsicht der von Escher im Züricher Museum niedergelegten Fossilien, zuerst gewissen Schichten der Lombardei mit einer *Halobia* ihre richtige Stellung an. Es waren dies eben jene, an manchen Punkten Cephalopoden führende, die ich zum Hallstädter Kalk gestellt hatte. Hauer[2]) und Beyrich[3]) behandelten die gesammte Cephalopodenfauna des Muschelkalks in eingehender Weise und Letzterer hob besonders die interessanten Beziehungen zu asiatischen Vorkommnissen hervor. Ueber deutschen Muschelkalk erschien die Arbeit Eck's[4]), dann die Nachträge Sandberger's[5]), den von Strombeck und Seebach eingeschlagenen Weg monographischer Behandlung einzelner Gebiete weiter verfolgend. Ich selbst konnte mich nach meiner Uebersiedlung von München nach Heidelberg mit dem Muschelkalk am unteren Neckar genauer bekannt machen, dessen Untersuchung interessante Aufschlüsse über den Uebergang der fränkischen Muschelkalkfacies in die schwäbische bietet. Im Frühjahr 1867 besuchte ich endlich in Gesellschaft meiner Freunde, der Herren Schloenbach, Waagen und Neumayr wiederum die Alpen, erweiterte meine früheren Anschauungen wesentlich und sammelte reicheres Material. Was ich nun jetzt mittheilenswerth fand, besonders aber, was zur Berichtigung des früher gesagten dienen kann, enthalten die folgenden Seiten. Es hat mir auch jetzt wieder zweckmässig geschienen, von einigen bestimmten Lokalitäten auszugehen, zuerst die dort entwickelten Schichten nach ihrer Lagerung und ihren organischen Einschlüssen zu besprechen und darauf erst einige allgemeine Bemerkungen folgen zu lassen. Ich glaube so Jeden besser in die Lage zu versetzen, an das thatsächlich gegebene seine eigenen Folgerungen zu knüpfen, wenn er mit den von mir gezogenen nicht übereinstimmen sollte.

Meinem Wunsche, die in den verschiedensten Erhaltungszuständen vorliegenden Pflanzenvorkommnisse bearbeitet zu sehen, kam Herr Hofrath

---

[1]) Stur, Jahrb. d. geol. Reichsanstalt. 1865. Verh. p. 242.

[2]) Hauer, Cephalopoden d. unteren Trias d. Alpen. Sitzungsber. d. Wiener Akad. d. Wissensch. Bd. 52. 1865.

[3]) Beyrich. Ueber einige Cephalopoden aus d. Muschelkalk d. Alpen. Abhandl. d. Akad. d. Wissensch. zu Berlin. 1866.

[4]) Eck. Ueber d. Formation d. bunt. Sandst. u. d. Muschelkalks in Oberschlesien. Berlin. 1865.

[5]) Die Gliederung der Würzburger Trias u. ihrer Aequivalente. Würzb. naturw. Zeitschr. Bd. VI. 1867. p. 132. p. 157. p. 192.

Schenk, jetzt in Leipzig, freundlichst entgegen. Seine Abhandlung bildet die 2. Abtheilung dieses Heftes. Herr Dr. Schloenbach in Wien übernahm eine gesonderte Darstellung der Muschelkalkbrachiopoden überhaupt nach dem reichen, ihm in seiner jetzigen Stellung zur Verfügung stehenden Material zu liefern und diese Arbeit soll im nächsten Hefte dieses Bandes erscheinen.

So behandeln diese drei Arbeiten zwar Verhältnisse ein und derselben Formation und verdanken der gleichen äusseren Veranlassung ihre Entstehung, sind aber übrigens ganz unabhängig von einander verfasst. Diesem Umstande mag es zugeschrieben werden, wenn sich in dem einen oder andern Punkte etwa Verschiedenheit der Auffassung, sei es wesentlicher oder nur formeller Natur, zeigen sollte.

Von meinen Reisegefährten wurde mir das von ihnen bei Recoaro gesammelte Material zur Benützung überlassen, wie mir auch Herr Professor Zittel eine aus der Münster'schen Sammlung in die Akademische Sammlung in München übergegangene *Encrinus*-Krone von Recoaro zur Untersuchung anvertraute. Die wesentlichste Unterstützung aber wurde mir durch Herrn Professor Sandberger in Würzburg zu Theil, der mir mit grösster Liberalität die Benützung der reichen, von ihm zusammengebrachten Sammlung von Muschelkalkfossilien gestattete, mich auch sonst in zuvorkommenster Weise mit seinem Rathe unterstützte. Allen den genannten Herren fühle ich mich zu ganz besonderem Danke verpflichtet.

Heidelberg im Juni 1868.

Benecke.

Ost-Abhang der Mendelspitze bei Kaltern, südwestl. Botzen.

Die Triasschichten, welche den unteren Theil der Mendel bei Kaltern zusammensetzen, nehmen ein besonderes Interesse in Anspruch, weil dieselben nach Richthofen's[1]) Schilderungen mit den unteren Sedimentärgebilden des Gebiets von St. Cassian vollkommen übereinstimmen. Eine Untersuchung der Verhältnisse der Mendelschichten gestattet daher die untere Trias von St. Cassian mit in Vergleich zu ziehen und die allgemeine Anwendbarkeit Richthofen'scher Lokalbezeichnungen, wie Grödner Sandstein, Schichten von Seiss und Kampil zu prüfen.

Die grosse Südtiroler Porphyrmasse (sog. Botzner Porphyr) und die derselben aufgelagerten Triasschichten werden von der Etsch auf ihrem Laufe von Meran, bis gegen Neumarkt in der Weise durchschnitten, dass Porphyr überall am Fuss der Gebirge zu Tage tritt und darüber zu beiden Seiten des Thales die Köpfe der horizontalen oder nur wenig geneigten Kalk- und Sandsteinbänke correspondiren. Die Porphyre verhalten sich ganz wie eine geschichtete Masse und bilden überall das sichtbare Grundgebirge, auf dem sich rothe Sandsteine und farbige Mergel als ein buntes Band hinziehen. Auf letzteren liegen in schroffen Wänden ansteigend und hier und da zu malerischen Spitzen sich erhebend Kalke und Dolomite. Erst südlicher, wo die Porphyre unter die Thalebene hinuntergesunken sind und Schichten jünger als die Trias bis an die Etsch herantreten, nehmen auch buntfarbige Jura- und Kreidegesteine an der Bildung der höheren Kämme und Gipfel Theil.

Eine solche Dolomitspitze nahe der Gebirgsecke, um welche die Etsch gegenüber Botzen aus ihrem NO. — SW. Lauf in den N. — S. umbiegt,

---

[1]) Richthofen, geognost. Beschreibung d. Umgegend v. Predazzo etc. p. 47 seq.

führt den Namen der **Mendelspitz** (Mendola). Am Fuss derselben breitet sich eine Hochebene[1]) aus, die gegen Osten von dem Mittelgebirge, einem scharfen — parallel der Etsch laufenden Porphyrrücken begrenzt wird, der gegen den Fluss hin in einer Flucht an 1000' abfällt. Da auch jenseits **Branzoll** das Gebirge bald wieder steil aufsteigt, so ist gerade hier das eigentliche Etschthal enger als an irgend einem andern Theil seines Laufs von **Meran** bis **Roveredo**. Von Süden her hebt sich die genannte Hochebene aus der breiteren Thalebene vom Kalterer-See an sanft gegen **Kaltern**, so dass von **Neumarkt** aus gesehn das Mittelgebirge der Scheide zweier Thäler gleicht, von denen es zweifelhaft scheint, welches die eigentliche Fortsetzung des Etschthales bildet. Ganz anders ist der Anblick von Norden her, wo das vom Mittelgebirge nicht auffallend überragte Plateau zwischen **Sigmundskron** und **St. Paul** steil nach dem gegen **Meran** gewendeten Theil der Etsch hin abgeschnitten ist. Der schroffe Porphyrfels an der Brücke von **Sigmundskron**, gegen den die Etsch schäumend anprallt, ist der äusserste Eckpfeiler des Mittelgebirges und überhaupt der ganzen Gebirgsmasse, die südwärts im 7197' hohen **Mt. Predaja** gipfelnd das Etschthal vom Nonnsberger Thal trennt.

Inmitten des auf die eben beschriebene Weise gesonderten und erhöhten Terrainabschnitts liegt der Flecken **Kaltern** auf diluvialen Gebilden. Diese haben den Porphyr zur Unterlage, der, vom Mittelgebirge herüberziehend, am unteren Ende der westwärts vorliegenden Gehänge von **St. Paul** bis gegen **Tramin** überall zu Tage tritt und von Triasschichten überlagert wird. Die Gliederung der letzteren wurde auf einer Excursion über **Pfus** und **St. Nikolaus** in folgender Weise gefunden:

1) Grobe Sandsteine, röthlich und grau gefärbt. Man beobachtet dieselben gegen **Altenburg** hin deutlicher. Fossilien fehlen.

2) Graue und gelbe Mergel und mergelige Sandsteine, dazwischen einzelne Bänke härteren Kalks. Unter letzteren ausgezeichnet einige harte, gelblichrothe, mitunter oolithische Bänke mit eingestreuten Glaukonitkörnern. Nach oben beginnen rothe Farben und schliesslich herrschen intensiv rothe, sehr glimmerreiche Sandsteine und Mergel vor, an der Luft vollständig zu kleinen, gerundeten Hügeln zerfallend, ganz ähnlich manchen Vorkommnissen in deutschem Röth. Theils in den Mergeln, besonders aber in den härteren Kalk- und Sandsteinbänken fand sich:

---

[1]) Vergl. die interessanten Bemerkungen Richthofens über diese Gegend l. c. p. 165. Emmerich und nach ihm Richthofen bedienen sich der Bezeichnung Eppaner Hochebene nach dem Orte Eppan nahe St. Michael.

Posidonomya Clarai Emm.
Sehr häufig, doch nur selten in guten Exemplaren zu erhalten.

Myalina cf. vetusta Gldf. Taf. I Fig. 8.
Ich setze ein cf. bei, weil allerdings der Umriss mit grösseren Exemplaren aus deutschem Muschelkalk nicht ganz stimmt. Ein Blick auf die Abbildung, Taf. I Fig. 8, zeigt, dass es dieselbe Form ist, die Schauroth[1]) (Recoaro, Taf. II Fig. 5) als *Mytilus eduliformis* aus den Schichten der *Posidonomya Clarai* der Umgebung von Recoaro abbildet, an der sich Ober- und Hinterrand in einem Winkel, nicht gerundet vereinigen. Giebel (Versteinerungen v. Lieskau pag. 38, Abhandl. d. Naturw. Ver. für die Prov. Sachsen etc. 1. Band) trennt die Schauroth'sche Art bereits von dem ächten *Mytilus vetustus* aus dem Lieskauer Schaumkalk und Richthofen bezieht sich hierauf, um zu bemerken, dass sein *Mytilus eduliformis* aus Campiler Schichten der Seisser Alp der ächte sei. Ich wüsste jedoch nicht, wie man den hier abgebildeten und den Schauroth'schen Rest anders bezeichnen sollte, da *Modiola triquetra* Seeb. noch mehr abweicht, und dies wäre etwa die einzige Form, die man noch vergleichen könnte (siehe diese unten p. 35). Ich zeichne die Muschel auch nur aus, weil sie constant in dieser Form sich an mehreren Punkten der Südalpen und immer in den allertiefsten Triasschichten zeigt, die überhaupt organische Reste enthalten. In wenig höheren Schichten werden wir sehr bald *My. vetusta* in ihrer gewöhnlichen Form kennen lernen und zwar in ausgewachsenen und in Jugendexemplaren, wo letztere von den eben besprochenen durch die gerundete Hinterseite sich deutlich unterscheiden. Die eckige Form scheint nicht über 20 mm lang zu werden. In der Wahl des Gattungsnamens bin ich Sandberger gefolgt.

Myophoria ovata Br.
Kleine Steinkerne doppelschaliger Exemplare. Wir kommen auf diese Muschel gleich noch zurück.

Myoconcha Thielaui Stromb. sp. *Pleurophorus Goldfussi* Schaur. Recoaro pag. 512. Taf. II Fig. 46, ferner (*Clidophorus*) *Goldfussi* Schaur. Krit. Verz. pag. 320 Taf. II Fig. 13.

Natica Gaillardoti Lefr. Taf. I Fig. 14 a—c.
Diese Schnecke hier und anderwärts in diesen untersten Horizonten sehr bezeichnend. Jedenfalls dieselbe Form, die Richthofen (l. c. pag. 53) mit der

---

[1]) Es giebt zwei Abhandlungen Schauroth's über die Gegend von Recoaro, die ich beide oft zu zitiren haben werde. Die eine steht im 17. Bd. d. Abhdl. d. math. naturw. Klasse d. Wiener Akad. 1855, ich zitire sie hinfort mit „Recoaro". Die andere steht ebend. im 34. Bd. 1859. Ich führe sie als „Kritisches Verzeichniss", entsprechend ihrem Titel, an.

Bezeichnung *Nat. turbilina* Schl. sp. nach Schauroth aufführt .und für die Schauroth selbst später den Namen *Nat. Gaillardoti* in Anwendung brachte (Krit. Verzeich. pag. 373). Das gezeichnete Exemplar, zu den grössten gehörend, misst in der Höhe 7ᵐᵐ, bei 10ᵐᵐ Breite, an der Mundöffnung gemessen.

Holopella gracilior Schaur. sp.

Diese Schnecke, zu der an später zu besprechenden.Punkten noch eine Reihe anderer treten, findet sich besonders häufig in den oben angeführten harten oolithischen Bänken und verdrängt zuweilen die Gesteinsmasse gänzlich. Man erkennt diese Bänke überall leicht wieder und ich betrachte sie als eine Hauptorientirungsschicht der unteren Südtiroler und Venezianischen Trias unmittelbar über den fossilfreien Sandsteinen.

3) Es folgen graue, blaue und röthliche Gesteine, theils von ähnlicher Beschaffenheit wie die unter 2) aufgeführten, theils und besonders mehr feste dolomitische. Die Dolomite enthalten auch die meisten Fossilien, theils mit Schale, theils in schönen Steinkernen. In frischem Zustande ist das Gestein gelb in's röthliche, manchen Lagen des Wellendolomit's mit *Nothosaurus*-Knochen aus fränkischer und nordbadischer Trias sehr ähnlich. In den Höhlungen, die meist von Fossilien herrühren, sitzen zierliche, wasserhelle Dolomitrhomboëder. Nach eingetretener Verwitterung gleicht das Gestein ganz den mürben Rauchwacken des Thüringer Zechsteins aus den Riffen von Pösneck, Ranis u. s. w. Es konnte bestimmt werden aus den Dolomiten und den zwischenliegenden Mergeln:

Pecten dolomiticus n. sp. Taf. I Fig. 18 a. b.

Ein Bruchstück, das nur wegen der Sculptur seiner Oberfläche interessant ist. Mit radialen Rippen kreuzen sich konzentrische und bringen eine zierliche Gitterung hervor. Es erinnert das an *Pecten reticulatus* Gldf., doch stehen bei diesem, wie die prachtvollen Würzburger Exemplare zeigen, die Rippen entfernter und sind durch einen ihrer eigenen Breite gleich kommenden Zwischenraum von einander getrennt. Richthofen (l. c. p. 55) beschreibt einen *Spondylus reticulatus* aus Campiler Schichten, der vielleicht mit unserer Art identisch ist. Die Beschreibung der Oberfläche könnte aber auch zu der unten (s. p. 21) charakterisirten *Aricula* gehören. Aehnlichen Sculpturen der Oberfläche begegnet man erst wieder in Cassianer Schichten.

Avicula Venetiana Hau. Taf. I Fig. 19.

(Venez. Foss. Taf. I Fig. 1 in Denkschr. math. nat. Kl. Wien. Akad. 2. Band 1850.)

Gervillia costata Schl. sp. Taf. I Fig. 12.

Vielleicht Richthofen l. c. pag. 56 als n. sp., die aus denselben Horizonten wie die meinigen stammt. Die Steinkerne stimmen genau mit solchen aus Heidelberger Schaumkalk.

Gervillia socialis Schl. sp.

Myophoria ovata Br. Taf. I Fig. 4 a. c. (*Trigonia orbicularis* bei Hauer Venet. Foss. Taf. 4 Fig. 2.)

Ob *Myophoria ovata* eine selbständige Form sei, ist mehrfach bezweifelt worden, was daher rühren mag, dass aus den Abbildungen von Goldfuss (Petref. Germ. Taf. 135 Fig. 11) und Bronn Lethäa Taf. 13 Fig. 10 nichts sicheres zu machen ist und auch nicht auf bestimmter bezeichnete Vorkommnisse, die ein Wiedererkennen erleichtern würden, Bezug genommen wird. Seebach (Conchylienfauna der Weim. Trias, Zeitschr. d. deutsch. geol. Ges. Band 13. 1861 pag. 616) hat *Myophoria elongata* Gieb., *Myophoria ovata* Br. und *Myoph. orbicularis* Br. getrennt. Eck (Form. des bunt. Sandst. in Oberschlesien etc.) ist ihm darin gefolgt, und ich glaube mit vollem Recht, wenigstens in so weit es sich um die Abtrennung einer dritten Form von *Myophoria* neben *Myoph. elongata* und *orbicularis* handelt. *Myoph. elongata* ist an der äusseren Form schon leicht kenntlich und ich verweise auf Soeb. l. c. pag. 616 Taf. XIV Fig. 13. Wenn Seebach von seiner *M. ovata* sagt, eiförmig, nach hinten verlängert, Wirbel klein, nach vorn liegend, so stimmt das ganz mit meinen Abbildungen hier, nicht aber mit der in der Lethäa Taf. 13 Fig. 10 gegebenen. Ob man daher mit Recht Bronn als Autor hinter *M. ovata* in dem hier genommenen Sinn setzen kann, ist mir etwas zweifelhaft. Jedenfalls aber liegt hier eine der häufigsten Südalpinen Formen vor, die von *M. orbicularis* wohl zu trennen ist und auf die ich desshalb die Bezeichnung *M. ovata* übertrage, weil die Seebach'sche Beschreibung auf dieselbe passt, die Goldfuss'schen und Bronn'schen Original-Exemplare wohl nicht bekannt und ein sicheres Erkennen der ursprünglich gemeinten Form unmöglich ist. Die mir vorliegenden Schalen erreichen eine Länge von 20^{mm} bei einer Höhe von 14^{mm}. Der Umriss ist eiförmig, hinten verlängert, vorn gerundet. Ober- und Hinterrand unter einem sehr stumpfen Winkel zusammenstossend, Wirbel nach vorn stehend, gerade eingebogen. Oberfläche mit deutlichen, beinahe lamellösen, concentrischen Anwachsstreifen versehen. Auf den Schalenexemplaren verschwindet die Kante zwischen dem Feldchen und der Seite beinahe gänzlich, während sie auf den Steinkernen deutlich hervortritt, doch immer gerundet bleibt. Die oben zitirte Abbildung Hauer's gehört sicher hierher, schwerlich aber was Schauroth (Krit. Verz. Taf. 11 Fig. 15) abbildet. Einer solchen Muschel, die sich von *Myoph. orbicularis* nicht trennen lässt, ohne dass ich sie auch bestimmt damit vereinigen möchte, werden wir später von Recoaro begegnen. Von dieser Muschel, obgleich die Abbildung bei Seebach l. c. Taf. XIV Fig. 14 schon genügt, setze ich noch ein Exemplar aus dem jetzt verfallenen Steinbruch über Rohrbach bei Heidelberg her, Taf. I Fig. 11, von wo Bronn's Exemplare und die vom Heidelberger Mineraliencomptoir nach seiner Bestimmung früher versandten stammen. Die Form nähert sich mehr dem kreisförmigen als dem ovalen. Der Wirbel ist stark nach vorn eingebogen und die grösste Dicke der Muschel liegt näher an demselben als am Unterrand und auch mehr gegen vorn. Von den beiden Enden des kurzen Schlossrandes gehen Vorder-, Hinter- und Unterrand gerundet in einander über und das Feldchen ist an den Steinkernen in keiner Weise auffallend von der Seite getrennt. Die Andeutung des lang nierenförmigen Adduktoreindrucks ist oft deutlich zu bemerken. Unter den verschiedenen Myophorien steht diese im Habitus dem Schizodus obscurus aus dem Zechstein wohl am nächsten.

Myophoria vulgaris Schl. sp.
Naticella costata Mnstr. (Hauer Venet. Foss. Taf. 12—15.)
Turbo rectecostatus Hau. (Hauer Venet. Foss. Taf. 3 Fig. 10.)
Ammonites sp. ind.

4) Die höheren Abtheilungen lassen hier kaum Spuren von Versteinerungen erkennen und ihre Sonderung in Abtheilungen nach dem petrographischen Charakter hat nur eine lokale Bedeutung. Man trifft zunächst eine Reihe dicker Bänke von *heller, mitunter weisser Farbe und poröser Beschaffenheit*, manchen Abänderungen Thüringischen Schaumkalks ähnlich. Hierauf tritt ein Wechsel rother und grauer glimmeriger Sandsteine und Kalke ein, letztere mit unbestimmbaren Pflanzenresten. Rothe, thonige Lagen schieben sich dazwischen. Nach und nach wird der Sandstein fest und dickbankig, ganz von der Beschaffenheit des deutschen Hauptbuntsandstein's und bildet eine etwa 60' mächtige Ablagerung von ausschliesslich rother Färbung. Den Schluss gegen die helleren Kalke und Dolomite, welche den Kamm und die Spitzen des Gebirges bilden, machen graue, dünnplattige Kalke mit weichen Zwischenlagern, die vom Wasser als feiner Schlamm hinweggeführt werden und so auch den Zusammenhang der festeren Bänke lockern. Die harten Sandsteine sowohl, als auch einzelne der zwischen ihnen und den obersten versteinerungsführenden Schichten liegenden harten Kalke stehen in kleinen Terassen an, über die die Bäche in Wasserfällen sich herabstürzen, während die untersten weichen Schichten zu gerundeten Rücken zwischen tief eingerissenen Wasserläufen zerfallen.

Die Gesammtmächtigkeit der zwischen den versteinerungsreichen gelben Dolomiten und der oberen Grenze der plattigen Kalke liegenden Gesteine mag 200' betragen, während die der Schichten 1—3 bedeutend geringer ist, über Pfus aber nicht gemessen werden konnte.

Vergleichen wir die oben angeführten Schichten mit Richthofen's Beschreibungen, so fällt in die Augen, dass sein Grödener Sandstein dem oben mit 1) bezeichneten Sandstein entspricht. Schwerer sind die Seisser und Campiler Schichten zu erkennen und ich möchte auf deren Unterscheidung, so lange es sich nur um petrographische Merkmale handelt, nicht zu viel Gewicht legen. Es scheint, dass die rothen Mergel und Sandsteine, mit denen ich die zweite Abtheilung beschloss, bei Richthofen bereits zu den Campiler Schichten gezogen wurden, da er letztere mit rothen Schichten beginnen und enden lässt. Als obere Grenze hat Richthofen dann wohl die rothen Sandsteine unter 4) genommen und die zuletzt angeführten plattigen Kalke wären sein Virgloria-Kalk. Da Spekulationen über diese Gesteine keinen Zweck haben können, so lange Fossilien aus denselben fehlen oder sehr schlagende stratigraphische Analogien mit anderen Punkten vorliegen, sehe ich von der Besprechung derselben um so mehr ab, als später anzuführende Lokalitäten günstigere Aufschlüsse geben.

Mehr Beachtung verdient das Vorkommen und die Vertheilung der Fossilien der tieferen Schichten. Die untere Abtheilung ist bezeichnet durch das häufige Auftreten von *Posidonomya Clarai*, die der oberen zu fehlen scheint, ferner durch die massenhafte Anhäufung der kleinen *Gastropoden* in ganzen Bänken. Der oberen Abtheilung ist dagegen eigen *Gervillia costata* und *socialis*, *Naticella costata* und *Turbo rectecostatus*. *Myophoria ovata*, die an Häufigkeit der *Posidonomya Clarai* nicht nachsteht, geht durch alle Schichten hindurch, wie denn auch manche petrographische Eigenthümlichkeiten gemeinsam sind. Denn neben den die oberen Schichten auszeichnenden gelben Dolomiten kehren immer dieselben unten beobachteten Mergel und feinen Sandsteine wieder, höchstens oben mehr in helleren, in's Graue fallenden Tönen, während unten mehr rothe Färbungen vorherrschen.

Ich fasse daher auch alle unter 2) und 3) aufgeführten Schichten als einen zusammengehörigen Komplex mit zwei Unterabtheilungen auf, die sich als Schichten der *Posidonomya Clarai* und *Holopella gracilior* einer- und der *Naticella costata* und des *Turbo rectecostatus* andrerseits bezeichnen lassen.

Auch Richthofen hat die Fossilien seiner Seisser und Campiler Schichten zusammenbehandelt und gibt nur einzelne als besonders charakteristisch für den einen oder andern Horizont an. Diese aber sind dieselben, die ich eben hervorgehoben habe, und meine Schichten mit *Posidonomya Clarai* dürften so ziemlich den Seisser Schichten entsprechen. Das über denselben folgende fällt den Campiler Schichten zu, die ausserdem noch durch ein gleich zu erwähnendes Vorkommen ausgezeichnet sind. Der Umstand, dass Richthofen einer *Posidonomya orbicularis* und der *Posidonomya aurita* Hau. (Venet. Foss. Taf. III Fig. 5, 6) in den Campiler Schichten erwähnt, während *Posid. Clarai* nur in den Seisser Schichten sich finden soll, dürfte übrigens häufig die praktische Unterscheidung der Schichten erschweren, da diese Formen einander gewiss sehr nahe stehen und in nicht vollständiger Erhaltung nur schwer zu trennen sind.

Auch muss hervorgehoben werden, dass die Angaben Hauer's (Venet. Fossilien p. 16 sep.) über das Lager von *Pos. Clarai* im Venetianischen mit Richthofen's und meinen Beobachtungen nicht übereinstimmen, indem er *Pos. Clarai* in denselben Schichten mit *Naticella costata* und *Turbo rectecostatus* angibt.

Die unterste alpine Trias wurde von den Wiener Geognosten meist unter den erweiterten Lokalbezeichnungen der Werfener Schiefer und der Guttensteiner Kalke beschrieben. Die letztere Bezeichnung war aber sehr unsicher geworden und hat einen bestimmteren Sinn eigentlich erst dann erhalten, als Hauer[1]) auf eine Reihe von Cephalopoden aufmerksam machte, welche einen unteren Cephalopoden-Horizont der unteren alpinen Trias aus „Werfener und Guttensteiner Schichten", im Gegensatz zu einem oberen, dem des Virgloria-Kalkes, bezeichnen. Diese Werfener und Guttensteiner Schichten werden dann auch in der Hauer'schen Arbeit immer zusammen als bunter Sandstein, im Gegensatz zu Muschelkalk, angeführt, so dass also Beide als entschieden zusammengehörig aufgefasst werden und man nur vielleicht bei den einen an eine mehr sandige, den andern an eine mehr kalkige Facies zu denken hat. Eine der Hauptformen dieses unteren Cephalopoden-Horizontes ist *Ceratites Cassianus*, der im Livinallungo des Cassianer Gebiets in Campiler Schichten mit Fossilien meines oberen (dolomitischen) Horizontes zusammen liegt. (Vergl. Richth. l. c. pag. 52.) Eine besondere Beachtung verdient daher der oben angeführte *Ammonit* von der Mendel, den mein Freund Schloenbach in leider unbestimmbarem Zustande auffand. Er liefert den Beweis, dass auch hier an den Gehängen des Etschthales *Ammoniten* sich finden und verleiht dem ganzen Complexe und dessen organischen Einschlüssen überhaupt als der Wiege der unzweifelhaft ältesten triadischen Cephalopoden ein erhöhtes Interesse. So weit es sich also um die nähere Umgebung der Botzner Porphyrmasse handelt, wird es wohl gestattet sein, die Cephalopoden als eine Eigenthümlichkeit der Campiler Schichten allein anzusehen, wenigstens nimmt

---

[1]) Hauer, die Cephalopoden der unteren Trias der Alpen, Sitzungsber. der Wiener Akad. d. Wissensch. Band 52 1865.

das Richthofen an und die Beobachtungen an der Mendel scheinen es zu bestätigen. Sehr fraglich ist es aber, ob man eine derartige Beschränkung des Vorkommens auch auf weitere Entfernungen hin ausdehnen darf und ehe eine Trennung in Seisser und Campiler Schichten als etwas allgemein gültiges angenommen wird, dürften weitere Untersuchungen abzuwarten sein.

Man weist allgemein den untertriadischen Sandsteinen der Alpen das Alter des deutschen bunten Sandsteins zu und auf die oberen thonigen Schichten desselben wandte Gümbel[1]) bereits den Namen des alpinen Röth an. Eine solche Bezeichnung passt denn auch vortrefflich auf die Schichten mit *Posid. Clarai* von der Mendel. Aus den Eigenschaften der Schichten mit *Nat. costata* etc., wie sie oben angegeben wurden allein, ist kein weiterer Schluss zu ziehen, ob auch sie mit ausseralpinen Horizonten in nähere Beziehung gebracht werden dürfen, da ihre Grenze nach oben sich nicht feststellen liess, also eben so gut der ganze über dem Röth liegende deutsche Muschelkalk, als nur ein Theil desselben zum Vergleich herbeigezogen werden könnte. Wir werden aber später sehen, dass an andern Punkten über diesen Dolomiten sehr versteinerungsreiche Schichten auftreten, die ganz unzweifelhaft ausseralpinem unterem Wellenkalk und nur diesem allein entsprechen. Es bleiben also für den Vergleich mit den Dolomiten und den mit denselben wechselnden Mergeln nur die in Deutschland zwischen Röth und unterem Wellenkalk liegenden, verschiedenartig ausgebildeten Gesteine übrig, die z. B. in Franken und besonders in Schwaben den Namen des Wellendolomits erhalten haben. Es kann nun nicht die Rede davon sein, einzelne ausseralpine Horizonte, selbst von wechselnder Erscheinungsweise, in den Alpen unter allen Umständen wiederfinden zu wollen, und ich möchte auf diese alpinen Dolomitschichten allein durchaus nicht den Namen Wellendolomit im schwäbischen Sinne anwenden. Wohl aber scheint es mir zweckmässig, die gesammten alpinen unteren Triasschichten, die nach unten durch das Beginnen der Fauna überhaupt, nach oben durch Aequivalente des deutschen unteren Wellenkalkes begrenzt sind, mit dem Hinweis auf gleichzeitige ausseralpine Vorkommnisse unter dem Namen des „Röthdolomits" zusammenzufassen. Die Berechtigung einer solchen Benennung und die sehr grosse Verbreitung und gleichbleibende Beschaffenheit der durch sie in ganz bestimmter Weise begrenzten Formationsabtheilung wird sich im weiteren Verlaufe dieser Arbeit ergeben, und nur, um schon jetzt einen kurzen Ausdruck zu gewinnen, bediene ich mich vorgreifend der eben erwähnten Bezeichnung.

---

[1]) Gümbel, geogn. Beschreib. d. bayer. Alpengeb. pag. 118 etc.

Umgebungen von Borgo in Val Sugana.

Ueber die interessanten Verhältnisse von Mt. Zacon[1]) und Mt. Armentara, westlich Borgo in Val Sugana, habe ich früher[2]) bereits einige Mittheilungen gemacht. Es konnte von dort ein Profil aus der unteren Trias bis hinauf in die obersten Juraschichten beschrieben werden. Für einzelne schon namentlich aufgeführte triadische Fossilien war ich jedoch damals noch nicht im Stande, die Lagerung genauer anzugeben. Mt. Zacon ist die höchste Spitze eines steil nach dem Brentathal abfallenden Porphyrrückens, der durch eine Einsattlung mit dem südlicher gelegenen Mt. Armentara zusammenhängt, dessen Hauptmasse aus obertriadischen Dolomiten und jurassischen grauen Kalken besteht. Alle Schichten liegen concordant aufeinander und fallen steil gegen Süden ein. Porphyr und Dolomit widerstanden dem Einfluss der Atmosphärilien länger, während die dazwischen liegenden leichter zerfallenden Gesteine des bunten Sandsteins und Muschelkalks die Entstehung eben jener Einsattlung veranlassten.

Die Porphyre[3]) bedecken, wie auch an der Mendel, grobe, zum Theil conglomeratartige Sandsteine. Auf diese folgt Röth in der früher geschilderten Beschaffenheit, nach oben die oolithischen Bänke enthaltend mit einer Anhäufung von organischen Resten und besonders Gastropoden, wie sie mir sonst nirgends in diesen Schichten vorgekommen ist. Häufig ist vom Gestein kaum etwas zu bemerken und die ganze Masse besteht aus zierlichen Gastropoden und Acephalenschalen, die nur durch rothes, stark eisenhaltiges Cement verbunden sind. Oolithisch zeigt sich die Bank, wenn die Fossilien zurücktreten. An einer Reihe verschiedener Stücke lässt sich übrigens erkennen, dass dieses rothe Gestein nur eine Modifikation einer der zahlreichen Kalkbänke ist, die im Röth liegen. An manchen Punkten des einstigen Triasmeeres gelangte reiner fossilfreier Kalk zum Niederschlag, an anderen fielen die Muschelschalen so massenhaft zu Boden, dass es nur eines Kalkcements zur Gesteinsbildung bedurfte. Kleine Muschelfragmente gaben endlich in mässig bewegtem, kalkhaltigem Wasser Veranlassung zur Oolithbildung und eisenhaltige Wasser impregnirten die erhärtete Masse. Auch hier fehlen die in diesen Horizonten so verbreiteten Glaukonitmassen nicht. Es konnte aus dem rothen Gestein bestimmt werden:

---

[1]) Die Stabskarte und die Montanistische Karte haben Mt. Zacon, Emmerich in Schaubach, deutsche Alpen, Bd. IV p. 421, aber schreibt Mt. Zaccu.

[2]) Diese Beiträge Bd. I p. 29.

[3]) Dieses Porphyr's erwähnt schon G. v. Rath von Visele. Jahrb. d. geol. Reichsanst. Bd. XIII p. 123 1863.

Posidonomya Clarai Emmer.
Pecten discites Schl. sp.
Myophoria ovata Br.
Myoconcha Thielaui Strb. sp.
Natica gregaria Schl. Taf. I Fig. 9 a. b.

Vergleicht man das abgebildete Exemplar von M. Zacon mit gut erhaltenen Exemplaren von *N. gregaria* aus deutschem Muschelkalk, wozu ich solche von Lieskau und Wiesloch bei Heidelberg benutze, die beide noch die Schale haben, so fällt zunächst die gestrecktere Form der Südtiroler und in Folge dessen die grössere Höhe des der letzten Windung der Schale vorangehenden Theiles des Gehäuses auf. Doch besteht dieser auch nur aus drei Umgängen, wie sonst bei *N. gregaria*. Ferner sind bei den deutschen Exemplaren in der Regel die Umgänge mehr treppenförmig abgesetzt. Diejenigen von Wiesloch zeigen dies jedoch viel weniger, als die von Lieskau, indem sie sich mehr *Natica turbo* Schaur. (Krit. Verz. Taf. III Fig. 4a) nähern und so vermittelnd zwischen die Lieskauer und die von Mt. Zacon treten. Vergleicht man freilich die Abbildung bei Giebel (Lieskau, Taf. V Fig. 4) mit der hier gegebenen, so ist der Unterschied gross, doch hat Giebel wohl ein extremes Exemplar abgebildet.

Ich habe am Mt. Zacon keine Exemplare gefunden, die über 3 mm lang geworden wären. An andern alpinen Lokalitäten erreicht die Art jedoch bedeutend grössere Dimensionen.

Chemnitzia sp. Taf. I Fig. 2 a. b.

Es kommt eine Reihe von Formen am Mt. Zacon vor, die von der gleich zu besprechenden *Holopella gracilior* sich durch schnellere Wachsthumszunahme und weniger gerundete Umgänge unterscheiden, deren Gesammthabitus aber derart ist, dass man zwischen der Wahl der Gattungsbezeichnungen *Chemnitzia* und *Holopella* schwankt. Ganz sicher kann man bei der Kleinheit dieser Dinge nicht gehen. Auf Taf. I Fig. 2 a. b. habe ich eine solche Schnecke abgebildet. Auf die Länge von 4 mm kommen 8 Umgänge, deren erste (Embryonalwindungen) kaum von einander abgesetzt sind, was der Spitze ein etwas plumpes Ansehen gibt. Ein Blick auf die Abbildung von *Holopella gracilior*, Taf. I Fig. 3 a. b., lässt die Unterschiede am besten erkennen. Es sind eine ganze Menge ähnlicher Formen, meist aber grösser, aus dem Muschelkalk beschrieben, die Uebertragung eines bereits in die Literatur eingeführten Namens würde aber bei der Kleinheit dieser Vorkommnisse nicht gerathen sein. Wir haben es hier überhaupt mit einer Zwergfauna zu thun, die anderswo unter günstigen Verhältnissen vielleicht zu ganz anderen Dimensionen sich entwickelte. Dass die Schalen jedoch hier keine bedeutendere Grösse erreichten, beweisen die Millionen von Exemplaren, die in ganz gleicher Beschaffenheit mehrere Zoll mächtige Bänke erfüllen, deren Ablagerung gewiss eine sehr lange und gleichartige Fortdauer der Fauna anzeigt.

Holopella gracilior Schaur. sp. Taf. I Fig. 3 a. b. 7.

Schauroth hat diese Schnecke als *Turbonilla* und später als *Rissoa* abgebildet (Recoaro Taf. II Fig. 11 und Krit. Verz. Taf. III Fig. 6). Erstere der genannten Abbildungen ist die kenntlichere. Auf Taf. I Fig. 3 a. b. gebe ich noch eine Ansicht eines der gut erhaltenen Exemplare vom Mt. Zacon und Fig. 7 eine vergrösserte Ansicht des unteren Theils eines anderen Exemplar's. Der beinahe kreisförmige Querschnitt der Umgänge berechtigt nach Sandberger's Vorgang den Namen *Holopella* Mc Coy. in Anwendung zu bringen, den Hörnes zuerst von paläozoischen Vorkommnissen auf triadische übertrug. Unter allen verwandten Formen ist *Hol. gracilior* die schlankste und hat den geringsten Wachsthumswinkel. An dem abgebildeten Exemplar von 7 mm Länge zähle ich 9 Windungen, die ausserordentlich langsam am Durchmesser zunehmen.

Häufigste Form am M. Zacon, aber auch sonst überall in Südtirol im Röthdolomit verbreitet, von wo sie in den Wellenkalk, doch vereinzelter, hinaufgeht. Sandberger citirt sie aus Schichten des unteren Wellenkalks von Würzburg (Dentalienbank), bei Heidelberg fand ich sie in dolomitischen Schichten, welche etwa in gleichem Niveau mit jener Dentalienbank liegen mögen, die hier aber als besondere Bildung nicht mehr zu erkennen ist.

Pleurotomaria triadica n. sp. Taf. I Fig. 16 a. b.

Die Gattung *Pleurotomaria* ist durch mehrere, sehr von einander abweichende Formen am M. Zacon vertreten. Zwei derselben sind neu, eine dritte lässt sich auf eine zuerst unter anderen Gattungsnamen aus deutschem Muschelkalk beschriebene zurückführen. (S. d. nächste Art.) Die auf Taf. I Fig. 16 a. b. abgebildete Art ist 5 mm lang, doch dürfte noch eine Anfangswindung, die nicht erhalten ist, hinzuzurechnen sein. Die Umgänge setzen etwas stufenförmig gegen einander ab und zeigen ungefähr in der Mitte der Höhe den Spalt der *Pleurotomarien*. Von Streifung oder sonstigen Ornamenten ist nichts zu sehen. Bei den mancherlei sonstigen Analogien mit paläozoischen

Vorkommnissen, die bis hinauf in den alpinen Keuper zu verfolgen sind, könnte auch der Gattungsname *Murchisonia* gewählt werden.

Pleurotomaria extracta Berger sp. Taf. I Fig. 10 a. b.

Professor Sandberger hat nach Exemplaren von M. Zacon, die ich demselben schon früher mitgetheilt hatte, die von Alberti (Trias pag. 166) bereits ausgesprochene Ansicht bestätigt, dass die von Berger (Jahrb. 1860 pag. 205 Taf. II Fig. 17) aus der Gegend von Coburg beschriebene *Natica extracta* eine *Pleurotomaria* sei und mit eben dieser Südtiroler Form übereinstimme. (Würzb. naturw. Zeitschr. 1866 pag. 138.) Später bin ich in den Besitz noch besser erhaltener Stücke gekommen, die allerdings eine *Pleurotomaria* anzeigen. Das Exemplar Taf. I Fig. 10 a. b. ist 5^{mm}, andere bis 7^{mm} hoch. Es sind 4—5 Umgänge sichtbar, deren letzterer sehr gross ist. Das Schlitzband liegt im oberen Drittel der Umgänge, die über demselben flach ansteigen, darunter aber steil abfallen, so dass eine gerundete Kante entsteht. Die ganze Schale ist mit ungleich starken Anwachsstreifen versehen, deren stärkere die Zurückbiegung am Schlitzband besonders deutlich erkennen lassen. Auch auf den scharf treppenförmig abgesetzten Steinkernen ist mitunter noch der Abdruck des Bandes zu erkennen.

Pleurotomaria extracta scheint durch den ganzen Wellenkalk hindurch zu gehen, da sie hier im Röthdolomit auftritt und bei Eck (Formation d. bunt. Sandsteins etc. pag. 103) noch in den oolithischen Schichten des Himmelwitzer Dolomits aufgeführt wird.

Pleurotomaria euomphala n. sp. Taf. I Fig. 1 a—d.

Flaches weitgenabeltes Gehäuse vom Habitus eines *Euomphalus*. Höhe 2^{mm} bei 4^{mm} Durchmesser. Es sind 3 Umgänge von flacher Gestalt sichtbar, die inneren nur wenig über den äusseren erhaben. Am Rande der Umgänge ein deutliches Schlitzband, unter demselben eine feine Kante. Wie *Pleurotomaria triadica* an die thurmförmigen *Murchisonien* paläozoischer Faunen, so erinnert diese an weitgenabelte ächte *Pleurotomarien*, wie solche mehrfach in devonischen Schichten der Rheinlande und des Harzes sich finden.

cf. Turritella costifera Schaur. Taf. I Fig. 15 a. b.

Ich stelle den Schauroth'schen Namen voran, weil die Figur auf Taf. V Fig. 16 des kritischen Verzeichnisses mit der hier gegebenen manche Uebereinstimmung zeigt, ohne dass jedoch volle Identität bestände. *Turbonilla nodulifera* Dnkr., die Eck neuerlich mit *Turritella nodosoplicata* Münstr. von St. Cassian vereinigt (Form. d. bunt. Sandsteines etc. pag. 103), hat weniger Falten und diese schwellen nahe der Nath mehr an. Die Schauroth'sche Art ist etwas schlanker und zählt weniger Rippen auf einem Umgang. Uebrigens ist die Schauroth'sche Abbildung etwas ergänzt, so dass nur mit dem Original ein Vergleich sich bewerkstelligen liesse. Die Länge des abgebildeten Exemplars beträgt 9 mm. Jeder der 6 sichtbaren Umgänge hat etwa 16 Rippen.

Es wird bei Gastropoden immer sehr darauf zu achten sein, ob eine solche Berippung nur den Embryonalwindungen, oder der ganzen Schale zukommt. Hier ist entschieden die ganze Schale gerippt. Von ausseralpinen Vorkommnissen zeigt *Holopella Schlotheimi* Qu. sp. die Rippung der Embryonalwindungen besonders schön. Bronn beschrieb diese Art als *Turbonilla dubia* (Lethaea 3. Aufl. Band 2 pag. 76) und bildete auf Taf. XXII^1 Fig. 10 ein Schalenexemplar ab, was nur insofern unrichtig gezeichnet wurde, als man den Eindruck erhält, als sei die Schale von den unteren Windungen abgesprungen. Das ist aber durchaus nicht der Fall, bei guter Erhaltung zeigt sich nicht nur der Kern, sondern auch die Schale in dem grösseren Theil des Gehäuses glatt und ist nur in den ersten Windungen gerippt. Bronn stellt als Fundort Wiesloch voran. Dort fand ich ausgezeichnete Exemplare in eben denselben Bänken des Trochitenkalkes, aus denen ich oben *Natica gregaria* zu erwähnen Gelegenheit hatte.

Von den genannten Gastropoden der rothen Kalke ist *Turbonilla gracilior*, *Pleurotomaria triadica*, *Pleurotomaria extracta*, *Chemnitzia* sp. am häufigsten. Sie erfüllen oft allein das ganze Gestein. *Natica gregaria* ist nur stellenweise häufig, während *Pleurotomaria euomphala* und *cf. Turritella costifera* in je nur einem Exemplar aufgefunden wurden. Ausser diesen kommen übrigens noch mehrere andere Arten vor, von deren Beschreibung ich vor der Hand Abstand nehme.

In welcher Menge die hier angeführten Gastropoden in der rothen Bank von Mt. Zacon beieinander liegen, zeigt ein Theil einer ganzen Platte Taf. I Fig. 13. Das Vorkommen erinnert sehr an ein solches aus ähnlichen Schichten bei Hauer, Venetianer Fossilien Taf. IV Fig. 3.

Diese Fossilien beweisen, dass wir es hier mit gleichaltrigen Schichten zu thun haben wie diejenigen, die ich von der Mendel als unteren Horizont des Röthdolomits anführte. Etwas höher folgen dann in gleicher Weise gelbliche mürbe Gesteine mit:

Avicula inaequicostata n. sp. Taf. I Fig. 5 a. b. 6. *Pecten Margheritae*, Benecke non Hauer (diese Zeitschr. Band I pag. 30).

Ich hatte früher diese Form für identisch mit dem von Hauer (Venet. Foss. Taf. IV Fig. 13) abgebildeten und daselbst pag. 14 beschriebenen

Pecten Margheritae gehalten und **Sandberger** (Würzburger naturwissenschaftliche Zeitschrift Band 6 pag. 148 1866) hat diesen Namen adoptirt. Auch Gümbel (bayer. Alpen pag. 181) führte P. Margheritae als ein Fossil des bunten Sandsteins an. Nach einer Bemerkung **Hauer's** (Verhdl. d. geol. Reichsanst. 1867 pag. 182) stammt aber *P. Margheritae* aus viel höheren Schichten, welche vermuthlich dem Esinokalk im Alter gleich stehen. Auch ist nach der Beschreibung das Hauer'sche Fossil von dem zu besprechenden Rest, der mir jetzt in mehreren, beinahe ganz vollständigen, doch nur der einen Seite angehörigen Klappen vorliegt, im Umriss und der Wölbung etwas verschieden, wenn auch die Oberflächenbeschaffenheit ausserordentlich ähnlich ist. Ein vollständiges, etwas gewölbtes Ohr sehe ich als vorderes an und nehme die Klappen als linke. Als Gattung ist dann auch wohl *Avicula* richtiger als *Pecten*, wie denn besonders *Avicula speluncaria* des Zechsteins sich sehr verwandt erweist, was durch die Aehnlichkeit des Gesteins mit Zechstein-Rauchwacke noch sehr erhöht wird. Wohl mag die rechte Klappe dann auch flach oder weniger gewölbt gewesen sein. Nach hinten war die Schale am Schlossrand nur wenig verlängert. Die abgebildeten Klappen sind sehr stark gewölbt, die grösste Dicke nahe dem scharf übergebogenen Wirbel stehend, vorn nach dem Ohr steiler, nach hinten sanfter in den verflachten, etwas flügelförmigen Schalentheil abfallend. Es ist bei den Zeichnungen zu berücksichtigen, dass an der hinteren oberen Parthie ein weniges weggebrochen ist und ich nicht willkürlich ergänzen mochte. Die Oberflächenbeschaffenheit ist sehr zierlich. Man zählt auf dem kleineren Exemplar (Taf. I Fig. 5 a. b.) 8—9 grobe, vom Wirbel ausstrahlende, etwas geknotete Rippen. Zwischen je 2 derselben setzen sich etwas feinere ein, die neben sich wieder feinere stehen haben. In dem Maass, als die Rippen feiner werden, reichen sie auch weniger weit gegen den Wirbel hinauf. Auf dem grösseren Exemplar (Fig. 6 nat. Grösse) stehen 10 gleich grosse Rippen, zwischen denen in derselben Weise Systeme von feineren sich einsetzen. Je mehr übrigens die Muscheln an Grösse zunehmen und demzufolge neue Rippen sich einsetzen, scheinen die Grössenunterschiede sich mehr auszugleichen, so dass gegen den Unterrand hin die Rippen nahezu gleich gross werden. Auf dem vorderen Ohre zeigt sich noch deutliche Streifung, während der hintere Theil der Schale auf dem Flügel beinahe glatt ist. Höhe des Exemplars Fig. 6 21^{mm}, Breite desselben 18^{mm}.

Myalina vetusta Gldf. Taf. I Fig. 17.

Myophoria ovata Br.

Pleuromya Fassaensis Wissm. sp.

Nach Prof. Sandberger's Mittheilung zeigen Exemplare von Koburg eine deutliche Mantelbucht. Darum wurde diese Gattungsbezeichnung gewählt, die jedoch nicht ohne weiteres auf alle Muschelkalk-Myaciten zu übertragen ist.

Ausser der genauer beschriebenen *Aricula* sind die übrigen hier angeführten Reste auch aus den tieferen Schichten bekannt, es läge also am Mt. Zacon kein so bestimmter Grund einer Sonderung eines unteren und oberen Horizontes vor. Doch könnte sich dies Verhältniss bei weiteren Aufsammlungen leicht anders gestalten und nach der Lagerung und den petrographischen Eigenthümlichkeiten kann man immerhin schon jetzt auch hier eine Trennung durchführen. Jedenfalls mache ich darauf aufmerksam, dass das Gastropoden-reiche Gestein innerhalb des Röthdolomits liegt und bei etwaiger weiterer Gliederung der unteren Abtheilung desselben zufallen würde.

Höhere fossilführende Schichten fehlen leider auch hier. In einem gegen den Armentara hin liegenden Wasserrisse beobachtete ich nur noch etwa 25' dünngeschichtete blaue Kalke. Dichtes Unterholz macht dann bis gegen helle, ohne Zweifel obertriadische, Dolomite die Beobachtung anstehenden Gesteines unmöglich.

Gyps scheint weder an der Mendel, noch am Mt. Zacon vorzukommen, doch beobachtet man solchen in deutlicher Lagerung am Lefre-Berg bei Strigno in einer Entfernung von 3 St. vom Mt. Zacon, wo die Triasschichten auf dem linken Brenta-Ufer ganz unter gleichen Verhältnissen wieder zu Tage treten. Wenig entfernt von dem Kastell über Villa am Nordwestabhang des Lefre gegen Strigno befindet sich an der Grenze der Weinberge eine seit lange in Betrieb stehende Gypsgrube. Man sieht beim Weiterverfolgen des Weges, der von derselben thaleinwärts führt, dass diese Gypse unter[1]) den Schichten mit *Posidonomya Clarai*, also ungefähr an der Grenze zwischen Röthdolomit und buntem Sandstein liegen. Letzterer steht mehrfach in dem Kastanienwalde über Villa und Jvano an. Durch das Thal, welches von Strigno gegen Osten führt, streichen die Gypse, mit Mergelschichten wechselnd, quer durch, die deutliche Fortsetzung derjenigen in der erwähnten Grube bildend. Unter denselben liegen am rechten Thalgehänge Sandsteine, welche unter Bieno dem Glimmerschiefer der Cima d'Asta-Masse aufgelagert sind, welche überall hier, wo Porphyre fehlen, die Unterlage der Trias bilden. Die Gypse nehmen also in der That die Stellung ein, welche ihnen in vergleichenden Tabellen neuerdings angewiesen

---

[1]) Hiernach ist meine frühere Angabe (diese Beiträge Bd. 1 p. 54), so weit sie Strigno betrifft, zu berichtigen.

wurde, so von Sandberger (Würzb. naturw. Zeitschr. Band VI pag. 155 1867). Nicht immer liegen übrigens die Gypse so tief im Röthdolomit, wir werden sie später nahe der oberen Grenze desselben kennen lernen, wie denn überhaupt das Auftreten derselben als eine weitere ckarakteristische Eigenthümlichkeit des ganzen südalpinen Röthdolomits angesehen werden kann. Es wäre aber ein Irrthum, alle in den Alpen auftretenden Gypse und das mit denselben so häufig gesellschaftete Steinsalz auf diese Analogie hin in so tiefe Horizonte verweisen zu wollen. Wie ausserhalb der Alpen, so findet sich auch in denselben in sehr verschiedenen Abtheilungen bis in den Keuper hinauf Gyps vor, ein Umstand, der die Lösung der Frage, wohin man die nordalpinen berühmten Salzvorkommnisse zu stellen habe, besonders schwierig macht.

Günstiger für das Studium jüngerer, über dem Röthdolomit folgender Ablagerungen ist die Hauptmuschelkalklokalität der Südalpen Recoaro, zu der wir uns jetzt wenden.

Umgebungen von Recoaro im Vicentinischen.

Ueber die Gegend von Recoaro besitzen wir, abgesehen von älteren kleinen Notizen und Abbildungen von Fossilien, die schon oft genannten zwei Arbeiten von Schauroth, in welchen alle damals bekannten Fossilien besprochen und mit deutschen Vorkommnissen verglichen werden. Da auch die Aufeinanderfolge der einzelnen Schichten genau angegeben wird, so ist es auffallend, dass die von Schauroth vertretene und im Allgemeinen ganz richtige Ansicht, es seien bei Recoaro eher Aequivalente des unteren deutschen Muschelkalks als des oberen paläontologisch nachweisbar, sich nicht mehr Eingang verschafft hat. Es mag dies zum Theil in dem Umstand seinen Grund haben, dass nirgends in dem „kritischen Verzeichniss" die Versteinerungen in übersichtlicher Weise nach den Horizonten gruppirt sind und ganz besonders auch darin, dass eine Art verzeichnet ist, die man mit Recht in Deutschland als eigenthümlich für den oberen Muschelkalk ansieht, nämlich *Ceratites nodosus*. Schauroth bemerkt selbst, er habe diesen *Ceratiten* nicht gefunden und beruft sich auf das Zeugniss Anderer. Es liegen allerdings in der Universitätssammlung in Padua einige Exemplare des C. nodosus mit der Angabe des Fundorts Recoaro und Catullo bildet ein solches Exemplar ab. Doch haben gerade die Sammler, die Recoaro genauer kennen, nie die Spur eines Cephalopoden überhaupt, weder bei Recoaro, noch im Tretto bei Schio gesehen. Man überzeugt sich nun leicht von augenfälligen Irrthümern in der Bestimmung und der Angabe der Fundorte in dem Museum zu Padua, und da sich eine Menge deutscher Petrefakten dort befinden, die genannten Ceratiten auch gänzlich mit deutschen übereinstimmen, so zweifle ich nicht, dass ihre Heimath diesseits der Alpen zu suchen ist.

Es ist mir bei mehrmaligem Besuche der Umgebungen von Recoaro gelungen, ziemlich alle von Schauroth aufgeführten Arten und noch einige neue aufzufinden und zwar auf der Lagerstätte selbst. Ich gebe später die Listen derselben nach den Horizonten und es wird sich dann ein Vergleich mit den besprochenen Lokalitäten sowohl als entfernteren Gegenden leicht bewerkstelligen lassen.

Um die geotektonischen Verhältnisse der Muschelkalk-Ablagerungen, die man gewöhnlich kurz als die von Rocoaro bezeichnet, richtig zu verstehen, muss man das Agnothal (Recoaro) mit dem in paralleler Richtung von NW. nach SO. ziehenden Leogra-Thale (Valle dei Signori-Schio) zusammen in's Auge fassen. Beide werden durch einen von Campo Grosso ausgehenden Gebirgsrücken von einander getrennt, der gegenüber den Hauptgebirgsketten, die nördlich und westlich vorliegen, nur eine geringe Erhebung hat. Blickt man von einem höheren Punkte dieses Rückens, etwa von Mt. Cevellina, südwestlich Rovegliana, gegen Norden, so begrenzt die Aussicht die Kette, welche von Mt. Sumano, nördl. Schio, nach Westen über Mt. Volpiana, Cima Sciopaore, Mt. Alba zum Pasubio zieht. Dieser gewaltige, über 7000' hohe Gipfel ist der eigentliche Mittelpunkt, um den die ganzen Gebirge zwischen Valle d'Astico und Etschthal sich gruppiren. Vom Pasubio nach Süden, die Grenze zwischen Tirol und Venedig bildend, läuft eine andere Kette über Cengio alto und Campo Grosso südwärts nach Cima Venante und Cima tre Croci, die den Gesichtskreis gegen NW. abschliesst. Von dem letztgenannten Berge endlich geht ein hackenförmiger Zug ab, der westlich vom Stand des Beobachters im Mt. Spizze endigend, die Umwallung des Muschelkalkgebietes nach 3 Seiten vollendet. Die gegen SO. offene Seite nehmen Kreide und Tertiairgesteine ein, deren mannichfach gestörte Lagerungsverhältnisse uns hier nicht weiter beschäftigen. Innerhalb dieses eben beschriebenen Gebietes bildet Glimmerschiefer den Grund des Agno- und Leogra-Thales, in zwei elliptischen Massen zu Tage tretend, die über dem niedrigsten Punkt des trennenden Rückens bei Starò im Zusammenhang stehen. Als ein beinahe geschlossenes Band umgeben bunter Sandstein und Muschelkalk den Glimmerschiefer, die unteren Partien des Gebirges einnehmend. Eben so wenig, wie im Gebiet der südtiroler Porphyrmasse, bedingt jedoch hier die untere Trias den Gebirgsbau. Diese Rolle fällt den mächtigen Dolomiten der oberen Trias zu, die die Kämme und oben genannten Gipfel der Hauptketten zusammensetzen. Auch die höchste Erhebung des Mt. Cevellina, des angenommenen Standpunktes, besteht aus Dolomit, der den bei Rovegliana noch auf der Höhe liegenden Muschelkalk überlagert und gegen die südlich vorliegenden jüngeren Gebilde scharf abgeschnitten ist. Zum Flussgebiet des Agno gehören die Fundstellen von Versteinerungen, die man gewöhnlich mit „Recoaro" bezeichnet, während die in den nordöstlichen Zuflüssen der Leogra gelegenen, mit „Tretto" aufgeführt werden. Die hier gemachten Angaben beziehen sich nur auf die ersteren, die übrigens wenig von denen des Tretto abzuweichen scheinen.

Wir verfolgen nun den Schichtenbau der unteren Trias von unten nach oben, doch fasse ich, da Schauroth diese Verhältnisse bereits genau beschrieben hat, gleich diejenigen grösseren Abtheilungen zusammen, die ein mehr als lokales Interesse in Anspruch nehmen.

1) Grobe Sandsteine, auch Conglomerate, wenig mächtig, nach oben feiner werdend. Schauroth gibt zusammen 10 m. Ich beobachtete dieselben im Prechele-Graben, wo nahe an der oberen Grenze eine Pflanzenbank sich findet, die aber nur unbestimmbare Kohlenreste enthält. Auch findet man die Klüfte hier und da mit Kupferlasur und Malachit überzogen, eine Erscheinung, die an ähnliche Vorkommnisse in Deutschland auf gleicher Lagerstätte erinnert.

2) Die nächste Abtheilung, die sich wiederum als Röthdolomit bezeichnen lässt, hat eine sehr bedeutende Mächtigkeit, 80 m nach Schauroth, und besteht aus einem bunten Wechsel sehr verschiedenartiger Gesteine. Rothe, dünnschichtige, glimmerreiche Sandsteine herrschen vor, dazwischen schieben sich verschieden gefärbte Kalk- und Dolomitbänke ein. Unter ersteren fällt dann wieder die harte rothe Bank auf, die über dem Prechele-Graben sehr schön oolithisch entwickelt ist, doch nicht so reich an Fossilien wie am Mt. Zacon. Ich fand nur *Myophoria ovata* und (?) *Tellina Canalensis* Cat. Doch gibt Schauroth aus oben dieser Bank *Holopella gracilior* an. Die genauere Eintheilung des Röth wiederzugeben, hat aus dem eben angeführten Grunde keinen Zweck. Die ganze Abtheilung lieferte an Fossilien:

Voltzia sp. ind.
Posidonomya Clarai Emr.

Pecten Fuchsi Hau. (Hauer, Venet. Foss. Taf. I Fig. 8).
Myalina vetusta Gldf. sp.
Myophoria ovata Br.
Myoconcha Thielaui Stromb. sp.
(?) **Tellina Canalensis** Cat. (Memor. geogn. palaeoz. pag. 56 Taf. IV Fig. 4.)

Schloss und sonstige innere Charaktere dieser Muschel sind noch unbekannt, doch handelt es sich um eine ganz bestimmte, in diesen Horizonten sehr häufige Form, die auch Hauer (Venet. Foss. pag. 4 Taf. I Fig. 7) auszeichnete und auf die später Schauroth wiederholt zurückkam (Recoaro pag. 516 Taf. II Fig. 7 wahrscheinlich und auch krit. Verz. pag. 327 Taf. II Fig. 17). Letztere Figur ist besonders gut, während bei ersterer die Grenzen gegen die mit vorkommende *Myophoria ovata* schwerer zu ziehen sein dürften. Am meisten in die Augen fallend ist die, in einem Winkel an den geraden Schlossrand stossende hintere, ebenfalls gerade Seite, die vom Wirbel nach hinten laufende Kante und die kräftigen concentrischen Falten.

Pleuromya Fassaensis Wissm.
Chemnitzia sp.
Holopella gracilior Schaur. sp.

Dazu werden noch erwähnt von Schauroth *Pecten Alberti* und *Avicula Zeuschneri*. Letztere Form hat auch Hauer (Venet. Foss. Taf. III, Fig. 3, 4). Mir selbst ist nichts mit den unter einander sehr abweichenden Abbildungen Schauroth's und Hauer's übereinstimmendes vorgekommen. Laube ist geneigt (Fauna von St. Cassian, Denkschr. Wien. Akad. Band 25 pag. 51 sep.), *Avicula Zeuschneri* bei *Monotis pygmea* Mnst. sp. unterzubringen.

Mit dem Röth verbinde ich die Gypse und Rauchwacken, die hier abweichend von den Verhältnissen am Lefre nicht unten, sondern oben im Röth liegen, doch trifft man sie in dem nur wenige Quadratmeilen grossen Gebiete nicht überall. Am Mt. Spizze sah ich nur zellige Rauchwacken, während im Val del Rotolon eine sehr mächtige ellipsoidische Gypsmasse unzweifelhaft den rothen Sandsteinen aufliegt. Die Schichten reinen Gypses, mit grauen Thonen und Rauchwacken wechselnd, sind mannichfach in einander gewickelt und zerknickt und die schon bedeutende Mächtigkeit erscheint daher noch beträchtlicher. Die Ansicht der Gypsmasse an der steilen linken Thalseite scheint der Annahme, dass bei der Bildung des Gypses eine Volumvergrösserung stattfand und unter dem Widerstand der umgebenden Gebirgsmassen die Schichten in einander gepresst wurden, sehr das Wort zu reden.

Wo nur wenig mächtige Rauchwacken den Horizont der Gypse andeuten, übersieht man denselben leicht, hat man sich aber an einer günstigen Lokalität, wie das genannte Val del Rotolon, orientirt, so findet man das schmale Band grosszelliger Gesteine auch anderswo wieder, wie am Nordgehänge des Mt. Spizze, wo ein Bergrutsch beinahe den ganzen Muschelkalk bis auf den Röth hinab freigelegt hat. Dass Gypse an nah gelegenen Punkten in demselben Horizonte fehlen und sich finden, ist eine zu gewöhnliche Erscheinung, als dass sie hier befremden könnte. Ganz das gleiche Verhältniss an der Grenze des bunten Sandsteins und Muschelkalks gibt Eck z. B. aus Oberschlesien an, wo man keinen Gyps kennt, während er im benachbarten Polen vorhanden ist. Dieselbe Stellung, wie diejenigen von Recoaro, nehmen auch die Gypse der Lombardei ein, die mit Rauchwacken in Verbindung am Croce-Domini-Passo in Val Camonica und an anderen Punkten häufig zu sehen sind. Es ist mir dies Vorkommen der Gypse unten und oben in jener Formationsabtheilung, die ich als Röthdolomit zusammenfasste, noch ein Grund mehr, vor der Hand keine weiteren Zergliederungen vorzunehmen. Aehnlich wie früher, mit Hülfe der Fossilien eine untere und obere Abtheilung herauszufinden, gelang mir bei Recoaro nicht. Ein derartiges Verhältniss ist nur durch die Gesteinsbeschaffenheit angedeutet.

Während an den früher genannten Lokalitäten in den höheren Schichten Fossilien vermisst wurden, kommen wir in Recoaro jetzt erst zu deren Hauptlagerstätten. Eine Reihe dünnschichtiger, unebener, wulstiger, grauer Kalke, gelblich verwitternd im Wechsel mit gradschiefrigen Mergeln enthalten neben einer Anzahl anderer Arten, besonders den häufig genannten *Encrinus gracilis* Buch., nach dem, weil er hier ausschliesslich und in so ausserordentlicher Menge vorkommt, die ganze Schichtenreihe zweckmässig als die des *Encrinus gracilis* bezeichnet wird.

Theils auf den Platten des härteren Kalks, theils aus den Mergeln frei heraus witternd, sammelte ich:

Acroura granulata n. sp. Taf. II Fig. 2—5.

Man hat die *Ophiuriden* des Muschelkalks gewöhnlich in zwei Gattungen, *Aspidura* Ag. und *Acroura* Ag. untergebracht und diese dann im System mit anderen Fossilien als eine besondere Abtheilung von den lebenden getrennt gehalten (vergl. Bronn, Ordnungen und Classen des Thierreichs, 2. Band pag. 286). So lange man nicht Exemplare kennen gelernt haben wird, die in Folge einer besonders guten Erhaltung wesentliche Merkmale, wie die Genitalspalten in den Interbrachialräumen noch zeigen, thut man besser, diesem Usus zu folgen, als die Nomenklatur mit neuen Gattungsnamen noch mehr zu beschweren. Ich habe denn auch für die vorliegenden Reste den Namen *Acroura* beibehalten, da *Acroura prisca* Mnstr. und *Acroura Agassizi* die nächst verwandten sind.

Es liegen mir auf zwei kleinen, nur wenige Quadratzoll grossen Plättchen acht Exemplare in mehr oder minder vollständiger Erhaltung vor, zusammen mit Stengeltheilen von *Encr. gracilis*, *Gervillia mytiloides* etc. Theils ist die Oberseite, theils die Unterseite sichtbar und aus einer Combination der an den verschiedenen einzelnen Individuen erhaltenen Theile war es möglich, die beiden vergrösserten Ansichten, Taf. II Fig. 2a und Fig. 3a, herzustellen. Es wurde kein Theil hinzugefügt, der nicht sichtbar wäre, doch kann es sein, dass Theile ganz fehlen, oder dass die Zahl mancher angegebenen, z. B. der Papillen um den Mund, eine andere war. Die Erhaltung ist aber hinreichend, um zu erkennen, dass keine zu grossen Abweichungen zwischen der Restauration und dem einstigen natürlichen Zustande stattfinden.

Die Scheibe ist fünfeckig mit etwas ausgebuchteten Seiten. Doch ist die Tiefe dieser Ausbuchtung nicht gleich an allen Exemplaren, indem sich von ziemlich tiefwinkligen bis zu beinahe geraden Seiten Uebergänge finden. Fig. 2 stellt eine mittlere Form dar. Die Oberseite Fig. 3a ist uneben. Es laufen von der Mitte der Seiten in der Richtung nach dem Mittelpunkt der Scheibe fünf sehr flache Furchen, die in der halben Entfernung zwischen Rand und Mittelpunkt in andere Furchen münden, welche mit einander in Zusammenhang stehend, eine der ganzen ähnliche, aber kleinere, um 36° gedrehte Scheibe umgränzen. Die ganze Oberfläche ist fein granulirt. Sieht man von geringen Unterschieden in der Contur ab, so gleicht die Scheibe sowohl im Verlauf der Furchen, als der Sculptur der Oberfläche ganz der Abbildung von *Ophiocoma nigra* bei Müller & Troschel, System der Asteriden, Taf. VIII Fig. 1. Der Durchmesser der grössten Scheibe von einer Ecke nach der Mitte der gegenüberliegenden Seite beträgt 6 ^{mm}.

Auf der Ventralseite Fig. 2a ist die Haut auf der Oberfläche eben so gekörnt wie auf dem Rücken und scheint den Raum zwischen den Armen, dem Aussenrand und den Mundplättchen ganz auszufüllen. Zwar meint man längs des einen Armes eine lange Genitalspalte, an einem anderen die eine solche stützende Knochenleiste zu sehen, doch erkenne ich das nicht mit hinreichender Sicherheit, um es als vorhanden anzugeben.

In der Umgebung des Mundes machen sich zunächst fünf langelliptische Plättchen durch ihre Grösse besonders bemerklich, die mit ihren beiden verschmälerten Enden auf dem Anfang der Arme aufruhen und den Interbrachialraum der Ventralseite nach dem Mund hin abschliessen. Der nach aussen gekehrte Rand trägt eine grössere mittlere und zwei schwächere seitliche Hervorragungen, während der innere ebenfalls eine mittlere Hervorragung, neben derselben nur einfache Buchten zeigt. Dass diese Platten Mundplättchen, nicht Theile des inneren Knochengürtels um den Mund sind, folgt daraus, dass sie den Armen aufruhen, dass sie auf oder an der körnigen Haut, nicht tiefer als diese liegen, dass sie einfach sind und endlich die grosse Analogie in Stellung und Form mit den entsprechenden Theilen lebender *Ophiuriden*. Auch bei diesen sind es meist in die Augen fallende grössere, nicht weiter getheilte Platten, die hier liegen.

Vor jeder dieser grösseren Platten liegt eine kleinere, an deren nach der Mitte gekehrtem Ende man deutlich zwei kräftige Papillen bemerkt. Eben solche Papillen stehen zu beiden Seiten der Mundwinkel gegen den Anfang der Arme hin. An einer Stelle sehe ich deren drei an der Seite der Mundplatte, es könnten aber auch vier dort gestanden haben. Ferner hat es an einem Exemplare den Anschein, als hätte noch eine Reihe kleiner Plättchen auf der Grenze der Mundplatte und der vor derselben liegenden kleineren Tafel gestanden, ein Verhältniss, was lebende Analogien hätte. Ich habe es nicht zeichnen lassen, um die im Ganzen richtige Darstellung nicht durch Aufnahme hypothetischer Theile zu verwirren. — Einzelne zerstreut liegende Knochen des inneren Gürtels lassen keine sichere Deutung zu.

Die Arme bestehen, wie gewöhnlich bei den *Ophiuriden*, aus sogen. Wirbelkörpern, die von 4 Reihen von Deckplatten umhüllt werden. Während die Arme, nahe an der Scheibe, einen ziemlich eckigen Querschnitt haben, runden sie sich gegen das Ende hin mehr und damit im Zusammenhang ändern auch die Platten ihre Gestalt etwas. Man sieht das bei denen der Dorsalreihe am deutlichsten (Fig. 3 a). Die zunächst an der Scheibe stehenden sind nämlich etwas breiter als lang, weiter nach der Spitze hin greifen die beiden Lateralreihen immer mehr über, die Dorsalplatten werden schmäler und schliesslich ganz untergeordnet. Zur Seite der Lateralplatten stehen lange Stacheln. Ob deren einer, wie auf der Zeichnung angegeben wurde, oder mehrere vorhanden waren, lässt sich nicht bestimmen. Auf der Unterseite sind noch die kleinen Schuppen, welche die Oeffnung zum Austritt der Pedicellen zwischen Ventral- und Lateralplatten bedecken, erhalten. Sind die Ventralplatten abgesprungen, wie in Fig. 4, so bemerkt man die Wirbel, aus zwei in Form eines X mit der langen Seite in der Medianlinie zusammenstossenden Knochen bestehend. Ein quer durchbrochener Arm, Fig. 5, zeigt den Wirbel, die Dorsal- und die beiden Lateralplatten. Es liegt kein ganz bis zu Ende vollständiger Arm vor. Die Länge eines solchen hat aber etwa 14 ^{mm}, also etwas mehr als den doppelten Durchmesser der Scheibe betragen.

Bei einem Vergleich mit anderen Muschelkalkophiuriden kommt *Aspidura* nicht in Betracht, da die Täfelung der Dorsalseite und die Breite der Arme am Grunde Merkmale, die für diese Gattung bezeichnend sind, hier fehlen. *Acroura priscu* und *Acr. Agassizi* stehen aber nahe. Zu einem eingehenderen Vergleiche reicht aber der Erhaltungszustand beider nicht aus, es scheint sogar bezweifelt zu werden, ob die genannten Arten verschieden sind. Die abweichende Gestalt der Scheibe, die andere Anordnung der Mundrosette trennen jedoch *Acroura prisca* mit Sicherheit. *Acr. Agassizi* scheint, so weit die Abbildungen das zu beurtheilen gestatten, ähnliche Arme zu haben, im Uebrigen aber anders gebaut zu sein.

Es wurde oben angeführt, dass wahrscheinlich nur zwei lange Genitalspalten in jedem Interbrachialraum vorhanden sind. Sollte dem so sein, so fiele bei einem Vergleich mit lebenden Formen die Familie mit 4 Genitalspalten bei Müller & Troschel weg und in derselben die aus englischem Lias angeführte Gattung *Ophioderma*, die eine ähnlich granulirte Scheibe besitzt. Eine zweite von Müller & Troschel aufgestellte Familie umfasst Gattungen mit 2 Genitalspalten und zerfällt in zwei Unterabtheilungen, je nach dem Fehlen oder Vorhandensein der Mundpapillen. Solche besitzt die Art von Recoaro unzweifelhaft. Da ferner die Arme mit harten Theilen besetzt sind, so kommen nur noch eine ganz geringe Anzahl Gattungen in Vergleich. Unter diesen ist *Ophiocoma* sehr nahe verwandt, die die gleiche Scheibenform und gleiche Granulirung besitzt, in der Anordnung der Theile der Mundrosette aber abweicht. Doch würde, wenn über das Vorhandensein nur zweier Genitalspalten volle Sicherheit herrschte, *Acroura granulata* hier anzureihen sein. Sollte man wider Erwarten vier Genitalspalten finden, so stände *Ophioderma* am nächsten. Mögen die Verwandtschaftsverhältnisse dieser neuen Art sich nun auch gestalten wie sie wollen, jedenfalls liefert dieselbe eine Bestätigung der schon öfter gemachten Beobachtung, dass unter der grossen Klasse der Echinodermata der Typus der Asteriden durch die ganze Formationsreihe hindurch eine merkwürdige Constanz bewahrte.

Encrinus gracilis Buch. Taf. II Fig. 1 a. b.

Mehrere Schichten sind ganz erfüllt mit Stielgliedern dieser Art, die zum Theil noch auf ziemliche Länge zusammenhängen. Seltener sind Krone und Wurzeltheile. Letztere zeigen auf der Oberfläche einer Platte, die zugleich Schichtoberfläche ist und einstmaligen Meeresgrund repräsentirt, interessante Verhältnisse. Es liegen da eine Menge Stengelfragmente, aus einer Reihe von Gliedern bestehend, horizontal ausgebreitet. Auf solchen Stengeln und zwischen mehreren derselben das Gestein überziehend, breiten sich unregelmässige Kalkrinden aus, aus denen einzeln und in Gruppen bei einander stehend, zahlreiche Ansätze neuer Stengel, nach oben gekehrt, herausbrechen. Man erkennt deutlich, dass Generationen von Crinoiden auf einander folgten, ältere, deren Stengel von solcher Dicke sind, wie sie ausgewachsenen *Enc. gracilis* zukommen, auf dem Grunde ausgebreitet, auf diesen sprossten jüngere, in allen Stadien der Entwickelung. Diese Wurzelbildungen entsprochen, wie das schon wiederholt hervorgehoben wurde, denen von *Apiocrinus*, die man im oberen deutschen Jura nicht selten trifft. Werden, wie das oben angegeben, ältere Stengeltheile von den Wurzelausbreitungen überrindet, und brechen dann Knospen heraus, so könnte es den Anschein gewinnen, als hätte diese Knospung im alten Stengel selbst ihren Sitz. Ich habe etwas derartiges jedoch nie gesehen, obwohl mir gewiss 100 Platten mit *Encrinus* durch die Hand gegangen sind und Darstellungen wie bei Catullo (Memoria geognostica-palaeozoica Taf. III Fig. 2) dürften wohl auf unrichtiger Deutung nicht vollständig erhaltener Exemplare beruhen. Die von Oberschlesien bekannten, kuppelförmigen Endigungen von Stengeln (Meyer Paläontographica Bd. I Taf. 31 Fig. 3—6, Taf. 32 Fig. 15. 16) habe ich bei Recoaro nicht beobachtet. Beyrich nahm an, solche gerundete Enden seien Theile von noch nicht fixirten Stengeln, und es lässt sich nicht in Abrede stellen, dass diese Erklärung vor der früher von Goldfuss u. v. Meyer geäusserten den Vorzug verdient. Immerhin kann man sich von der Art der Anheftung vieler solcher Stengel dicht bei einander keine rechte Vorstellung machen. Auf einem mir vorliegenden 8 mm langen und $1\frac{1}{2}$ mm dicken Stengel sitzen Narben von 5 anderen. Es scheint, dass das erste Ansetzen eines neuen Individuums gleich mit einer Ausbreitung einer Platte verbunden war, dass danach noch andere Individuen sich ansetzten und nun successive die Platte verdickt wurde. Das erste neue Individuum setzte sich vielleicht auf einem noch aufrecht stehenden Stengel an, während die über dem Stengel auf das Gestein übergreifende Platte zeigt, dass die späteren Ansätze erst nach dem Absterben des alten Thieres erfolgten.

Eine Krone, und zwar die von Buch von Recoaro mitgebrachte und der Art zu Grunde gelegte, hat Beyrich (Crinoiden d. Muschelkalks, Abhandl. d. Berliner Akad., phys. Cl., 1857, Taf. I Fig. 15 a. b.) abgebildet und so ausführlich in ihren einzelnen Theilen geschildert, dass eine weitere Erläuterung der hier auf Taf. II Fig. 1a abgebildeten Krone unnöthig gemacht ist. Durch Anschleifen der äusseren Basalglieder von unten her konnte auch der innere Basalkranz sichtbar gemacht werden. An den Seiten der Arme zeigt sich deutlich das Alterniren der Cirren tragenden Glieder. Wie das Merkmal zweier Basalkränze die Zugehörigkeit zur Gattung *Encrinus* beweist, so sichert die Beschaffenheit der Arme, ganz abgesehen von sonstigen Eigenthümlichkeiten des Kelches, die Selbständigkeit der Art. *Melocrinus triasinus* bei Schauroth, Recoaro Taf. 1 Fig. 4 p. 500, scheint mir eine Wurzelplatte mit Stengelansätzen zu sein. Ich besitze Stengeltheile, deren Glieder in eben derselben Weise zackenförmig ineinander greifen. Etwas ähnliches zeigt der Stengel von *Encrinus Brahli* Beyr. Crinoid. Taf. II.

Der aus Hallstatter Kalken von Richthofen und nach ihm mehrfach angegebene Encr. gracilis (Jahr. geol. Reichsanst. X p. 86) ist ein schlecht erhaltener Crinoiden-Rest, der jedenfalls der Species nach nicht bestimmbar ist. (Gefällige Mitth. Dr. Schloenbach's aus Wien.)

Ostrea filicosta n. sp. Taf. II Fig. 6—9.

Der ganze Habitus der dünnen unregelmässig gebogenen Schalen erinnert an *Placunopsis*, Morr. & Lyc. Doch konnte bei sehr zahlreichen Exemplaren keine Spur einer inneren Bandgrube bemerkt werden. An der Abbildung Taf. II Fig. 8 sieht man zwei divergirende Furchen unter dem Wirbel. Da solche aber eben nur an diesem Exemplar zu sehen waren, so liess sich nicht entscheiden, ob sie nicht nur zufällig durch fremde Einflüsse entstanden sind. Ich belasse es also vor der Hand bei der Gattungsbezeichnung *Ostrea*. Bei der ausserordentlichen Häufigkeit der Art und der Seltenheit anderer Ostreen im Muschelkalk von Recoaro, sowie überhaupt derartig feingestreifter Ostreen im Muschelkalk, verdient die Form jedoch ausgezeichnet zu werden. Der Umriss ist im Allgemeinen eiförmig, gegen den Wirbel hin zugespitzt, dieser selbst etwas nach der Seite gedreht. Die eine Klappe mit einer Ansatzfläche am Wirbel ist mehr oder weniger gewölbt, die andere flach, häufig concav. An dem ganz frei herausgewitterten Exemplare Taf. II Fig. 9 ist das Verhältniss der Schalen zu einander besonders deutlich zu erkennen. Sehr feine fadenartige Streifen (nicht eingeschnittene Furchen) bedecken ganz gleichmässig die Oberfläche beider Schalen, und werden durch die stellenweise sich etwas lamellös erhebenden unregelmässig concentrischen Anwachsstreifen unterbrochen. Hier und da zeigen einzelne Exemplare, besonders in der Wirbelgegend, concentrische wellige Furchen. Die mittlere Grösse beträgt vom Wirbel nach der Unterseite 16 mm.

Ostrea ostracina Schl. sp. Taf. II Fig. 18.

Nur ein Exemplar mit dem so bezeichnenden verdickten Rand. Innen zeigen sich Reste sehr feiner Streifung.

Pecten discites Schl. sp.
Recht häufig bis 40 mm gross.
Lima lineata Schl.
Lima striata Schl.
Gervillia costata Schl.
Sehr häufig, ganze Platten bedeckend.
Gervillia socialis Schl.
Seltener als vorige.
Gervillia mytiloides Schl. sp Taf. II Fig. 10. 11.

Auf Taf. II Fig. 10 ist ein schönes Exemplar einer erhaltenen Schale auf dem Gesteine aufsitzend abgebildet worden. Es ist eine schlanke Form, wie bei Goldfuss, Petref. German. Taf. 116 Fig. 9. Daneben kommen aber auch kürzere vor, wie Taf. II Fig. 11 mehr der *Gervillia modiolaeformis* Gieb. (Versteinerungen von Lieskau Taf. 4. Fig. 11) gleichend, die Seebach zur *Gervillia mytiloides* einzieht. Letzteres Exemplar ist frei herausgewittert und in Folge dessen am Schlossrand nicht ganz vollständig erhalten; denkt man sich diesen aber nur etwas verlängert, so ist der Unterschied gegen die schlanke Form nicht sehr gross. Eine Ansicht von der Seite des Schlossrandes auf Taf. II Fig. 11 b. zeigt die Ungleichheit beider Klappen, die in ähnlicher Weise wie *Gerv. socialis* um einander gewunden sind, wenn auch in weit geringerem Maasse. *Gerv. Albertii* bei Schauroth Recoaro Taf. 2 Fig. 1 a. b. gehört hieher und ist nicht, wie Seebach meinte (Weimarische Trias pag. 50), bei *Modiola hirundiniformis* Schaur. unterzubringen. Im Gegentheil dürfte Schauroth's *Mod. hirundiniformis* zum Theil hierher zu stellen sein, so Recoaro Taf. 2. Fig. 2 c., wovon nur der vordere Flügel etwas verwittert ist. Fig. 2 d. daselbst lässt sich nicht sicher deuten, ich besitze viele solche Exemplare von schlanker, in Folge eines seitlichen Druckes auf dem Rücken beinah kantiger Beschaffenheit. Seebach verbindet *Modiola Credneri* Dnkr. mit *Mod. hirundiniformis* Schaur. und bezieht sich für erstere auf Exemplare aus der Thüringischen Trigonienbank. Es ist das ungefähr das gleiche Niveau, in welchem die Schauroth'sche Art bei Recoaro sich so häufig findet. Diese Vereinigung könnte nun nur noch für die Schauroth'schen Figuren 2 a. und b. auf Taf. II stattfinden. Ich halte aber auch diese Formen nach dem mir vorliegenden reichen Materiale nicht für geeignet, als Typen einer neuen Art zu gelten. Es wird für *Mod. Credneri* ganz unabhängig von den Vorkommnissen von Recoaro zu untersuchen sein, ob sie eine selbständige Art darstellt. Ob nun aber alles, was Schauroth zu *Mod. hirundiniformis* zog, gerade bei *Gervillia mytiloides* unterzubringen ist, wie Sandberger geneigt scheint anzunehmen, wird sich kaum sicher sagen lassen. Junge Exemplare, besonders die erwähnten gekielten, können auch zur folgenden Art gehören.

Modiola triquetra Seeb. Taf. II Fig. 12. 13.

Vollständig erhaltene Exemplare, wie Taf. II Fig. 13, und ein kleineres Exemplar, wie Fig. 12, glaube ich mit *Modiola triquetra* Seeb. (Weimar'sche Trias pag. 51) identifiziren zu dürfen. Dass es sich um eine *Modiola* handelt, ist wohl unzweifelhaft. Bei der Wahl des Namens kann man nur zwischen *Modiola triquetra* und, wenn man das Vorkommen berücksichtigt, *Modiola hirundiniformis* schwanken. Da Schauroth nur kleine, meiner Ansicht nach unvollständige Exemplare abbildete, wähle ich den Seebach'schen Namen und ziehe den Schauroth'schen überhaupt ein. Auf Taf. II Fig. 16. 17. habe ich solche unvollständigere Exemplare, wie sie gewöhnlich vorkommen, abgebildet.

Myophoria laevigata Alb.

Myophoria cardissoides Schl. sp. Taf. II Fig. 15 a. b.

Myophoria vulgaris Schl.

Pleuromya Fassaensis Wissm. sp.

Myoconcha gastrochaena Dnkr.

Myacites musculoides Schl.

cf. **Thracia mactroides** Schl. sp.

Natica gregaria Schl.

Holopella gracillor Schaur. sp.

Chemnitzia sp. Dunker Palaeontographica Band I. Taf. 35, Fig. 28. Nach Eck nicht bestimmbar, wegen Unbekanntschaft mit dem Original.

Holopella Schlotheimi Qu. sp.

Serpula Recubariensis n. sp. Taf. III Fig. 10.

Die auf Taf. III Fig. 10 abgebildete *Serpula* trägt einen mittleren und zwei seitliche Kiele und sitzt mit breiter Basis auf, bildet daher ein sehr ungleichseitiges Fünfeck im Querschnitt. Die Anwachsstreifen erheben sich auf den Kielen zu kleinen Höckern und sind auf dem ganzen übrigen Gehäuse als kräftige schuppige Rippen zu sehen. Eine deutliche Querwulst ist noch erhalten. Die Art gehört zur Gruppe der Tricristaten, die in späteren Formationen noch häufiger wird. Es sind aus dem Muschelkalk überhaupt nur wenige Serpula-Arten beschrieben worden und auch diese scheinen nur in manchen Gebieten häufiger zu sein, so *Serp. valvata* und *colubrina* Gldfuss. Ich besitze von Recoaro auch jene kleinen Dinge, die Schauroth Rec. p. 503 mit dem Goldfuss'schen Namen *Spirorbis valvata* belegt, wage mich aber nicht mit Sicherheit über die Zugehörigkeit zu den deutschen Vorkommnissen auszusprechen. Die mir vorliegenden Reste sind nicht grösser als ein Stecknadelknopf.

Serpula serpentina Schmid ist Seebach geneigt auf Randwülste von *Ostrea ostracina* zurückzuführen, doch bringt Alberti von ihm als *Serpula socialis* bestimmte Reste mit derselben in Verbindung, es scheinen also doch Serpula-Arten, die der kosmopolitischen *Serp. socialis* nahe stehen, im Muschelkalk vorzukommen. Die von Alberti mit *Serp. pygmaea* vereinigte *Serpula* von Cannstadt bedarf wohl noch erneuter Prüfung.

Aus den Schichten des *Encrinus gracilis* führt Schauroth noch an:

Lingula tenuissima Br. Krit. Verz. pag. 295.

Arca Schmidi Gein.

Ich besitze ähnliches, wie Schauroth Krit. Verz. Taf. 2 Fig. 16 abbildet, ob solche Dinge sich aber mit Sicherheit von abgeriebenen Exemplaren der *Pleuromya Fassaensis* unterscheiden lassen, ist mir sehr zweifelhaft.

Häufig findet man die Schichtungsflächen mit Wülsten bedeckt. *Rhizocorallium* ähnliche Reste mit gitterförmig gezeichneter Oberfläche fehlen nicht, wie denn überhaupt die Gesteinsbeschaffenheit ganz ausserordentlich dem deutschen Wellenkalke gleicht, mit dessen unterer Hälfte ich die Schichten des *Encr. gracilis* gleichstelle. Wegen des Petrefaktenreichthums macht sich dieser Complex überall bemerklich, ohne jedoch für die Configuration der Oberfläche irgendwie massgebend zu sein, da das Gestein leicht zerbröckelt und sanfte Abhänge bildet, die sich gern mit Graswuchs überziehen. Günstige Punkte zum Sammeln bilden nur die Wasserrisse und solche steile Abhänge, an denen die Vegetation keinen Halt findet.

Eine auffallende und von deutschen Verhältnissen abweichende Erscheinung ist es, dass über den Schichten des *Encrinus gracilis* nochmals bunte Mergel folgen. Schauroth erwähnt dieselben nicht, doch konnte ich sie mehrfach sehr deutlich beobachten, so über Rovegliana, wo der nach Mondonovo führende Weg gleich hinter einem Heiligenbilde auf der Wasserscheide zwischen Agno und Leogra am Fusse der Mergel hinläuft. Die Mächtigkeit ist nicht bedeutend und Fossilien scheinen zu fehlen. Rothe und graue Farben wechseln ab und als ein zweites buntes Band von dem Röthdolomit durch die etwa 15—20^m mächtigen Schichten des *Encrinus gracilis* geschieden, sieht man die Mergel an den Gehängen hinziehen. Die aus den höheren Dolomitgebirgen herabkommenden klaren Gewässer pflegen hier zum ersten Mal bedeutend getrübt zu werden. Als ein bequemes Mittel, die demnächst zu besprechenden Kalkschichten mit *Brachiopoden* von den eben beschriebenen zu trennen, verdienen die Mergel eine grössere Beachtung, als ihnen bisher zu Theil geworden ist. Am Mt. Spizze sind sie nicht so deutlich zu sehen und desshalb erwähnte ihrer wohl auch Leopold von Buch[1]) nicht. Pirona[2]) zieht die Mergel in seiner wenig bekannten Arbeit mit den Schichten des *E. gracilis* zusammen und so kommt ihm wenigstens das Verdienst zu, das Lager der *Brachiopoden* als ein höheres gegenüber dem des genannten *Encrinus* in's Klare gebracht zu haben, wenn auch seine übrigen Angaben nicht immer zuverlässig sein mögen. Eine Dolomitbank schliesst am Mt. Spizze die Mergel und es beginnen jene festen in einer steilen Wand aufsteigenden Kalke, die wegen ihres Reichthums an *Brachiopoden* seit lange bekannt als eigentlicher Typus des alpinen Muschelkalks galten und Veranlassung zu den Vergleichungen mit oberschlesischen Ablagerungen gaben.

Ein allgemeiner petrographischer Charakter für die folgende Abtheilung lässt sich nicht angeben, da sehr verschiedenartige Gesteine an deren Zusammensetzung Theil nehmen. Verhältnissmässig dickere Bänke liegen unten und diese sind mehr rein kalkiger Natur, während nach oben in dem Maasse, als die Schichten merglig werden, dünne Schichten vorherrschen. Auffallend ist auch in den unteren Bänken das häufige Auftreten von Kiesel, theils fein zertheilt, theils als Versteinerungsmittel dienend und in grösseren Knollen zusammengezogen, die hie und da die Oberfläche der Schichten wulstig erscheinen lassen. Die kieselreichen Bänke enthalten zugleich die meisten *Brachiopoden*, die dann häufig ganz aus Kiesel bestehen, während die mit denselben vorkommenden Stielglieder von *Crinoiden* wie gewöhnlich späthiger Natur sind. Es finden sich eine ziemliche Anzahl von Arten, so dass die gesammte Fauna in Manichfaltigkeit der der unteren Abtheilung nicht nachsteht, jedoch ist sie von auffallend abweichendem Charakter. Folgende Liste vereinigt das mir nach und nach bekannt gewordene[3]):

Scyphia sp., schlecht erhaltene, unbestimmbare rundliche Massen.

---

[1]) Neues Jahrbuch 1848 p. 53.
[2]) Pirona. Costituzione geologica di Recoaro e dei suoi dintorni, in „Monografia delle aque minerali delle provincie venete."
[3]) Ueber die hier und in tieferen Schichten sich findenden Pflanzenreste vergl. die Arbeit Prof. Schenk's pag. 71 dieses Bandes. Alles, was von Pflanzen daselbst als aus „oberstem Wellenkalk" beschrieben wird, gehört hierher.

Corallen.

Es liegen zwei Arten vor, beide nicht bestimmbar. Die eine dürfte die von Schauroth Recoaro Taf. 2 Fig. 15 abgebildete sein. Die andere stellt einen kreiselförmigen, oben gelappten Stock dar, von dem nur die stark gerippte Aussenseite sichtbar ist.

Chaetetes Recubariensis Schaur. Taf. III Fig. 1. a. b.

Diese in grosser Menge eine dünne Schicht über den Hauptbrachiopodenbänken füllende Coralle hat eine ganz unregelmässige Gestalt, indem sie theils kleine Knollen, theils fingerförmig gelappte Massen bildet, wie das auf Taf. III Fig. 1 abgebildete Exemplar. Die Oeffnungen der Kelche lassen hie und da eine reihenförmige Anordnung erkennen, stehen im Allgemeinen aber ganz regellos. Die vergrösserte Ansicht, Taf. III Fig. 1G ist in dieser Beziehung nicht ganz richtig. Die Kelchränder sind polygonal oder rundlich. Auf Längschnitten sieht man ganz die bei Schauroth, Recoaro Taf. I Fig. 2c abgebildete Stellung der Querscheidewände, die nicht mit einander correspondiren. Schliffe zeigen auch die Anordnung der Zellen in schräg gegen die Axe der Hauptwachsthumsrichtung gestellten Reihen, ganz wie bei *Calamopora*. Es ist jedoch weder von Sternlamellen, noch von Durchbohrung der Wände eine Spur zu sehen. Die spätere Angabe Schauroths, Krit. Verzeichniss pag. 284, dass nur Einschnürungen, keine Scheidewände vorhanden seien, sehe ich an einem mir vorliegenden Schliff nicht bestätigt. Ueberall laufen die Querwände von einer Kelchseite zur andern hinüber, man müsste bei der grossen Anzahl von Zellen, die ein solcher Schnitt trifft, doch hie und da die mittlere Oeffnung sehen, wenn es sich nur um Einschnürungen handelte. Im Verzeichnisse der Versteinerungen des herzoglichen Naturalienkabinets zu Koburg pag. 52 hat Schauroth auch den Namen *Chaetetes* beibehalten. *Calamopora Cnemidium* Klipst., die Schauroth als sehr ähnlich anführt, stellt Laube (Fauna d. Schicht von St. Cassian I pag. 23) zu *Actinofungia* (Tragos) *astroites* Mnstr. sp. Ist die Identifikation richtig, so würde die auf der Laube'schen Abbildung Taf. II Fig. 6 deutlich hervortretende Schwammnatur die Klipstein'sche Art von *Chaetetes Recubariensis* weit entfernen.

Encrinus Carnalli Beyr. Taf. IV Fig. 1 a — c.

Es liegen zwei Patinen vor, eine ganz frei heraus gewitterte, auf Taf. IV abgebildet, eine andere im Gestein sitzend und von der Unterseite sichtbar. Da keine Exemplare mit Armen aufgefunden wurden, ist man auf die Beschaffenheit der unteren Kelchtheile allein bei einem Vergleich mit bekannten Arten angewiesen. Diese stimmen aber in den wesentlichsten Merkmalen ganz mit *Encrinus Carnalli* aus dem Rüdersdorfer Schaumkalk (Beyrich, Crinoiden d. Muschelkalks, Abh. der Berliner Akad. 1857 Taf. I Fig. 14). Der innere Basalkranz ist deutlich entwickelt, die äusseren Basalglieder ragen weit über den Umfang des letzten Stielgliedes hinaus, dessen gekerbter Rand einen scharfen Eindruck hinterlassen hat. Die ersten Radialia legen sich beinahe flach an, so dass der Kelch eine verhältnissmässig nur geringe Tiefe erhält. Die Bemerkung Beyrich's, dass *Encr. Carnalli* sich von *Encr. liliiformis* durch die nicht angeschwollene oder sackförmige Gestalt der Glieder des ersten Radialkranzes unterscheidet, trifft also hier ganz zu.

Innen schimmern die Grenzen der äusseren Basalglieder und der ersten Radialglieder nur ganz schwach durch. Man unterscheidet die fünfseitige Centralgrube, an die sich die fünf Radialgruben anfangs mit steilem, dann mit flacherem Boden anschliessen. Die Interradialgruben steigen anfangs steil an, setzen aber dann mit beinah rechtwinkliger Kante gegen die zwischen zwei benachbarten Muskelfortsätzen liegende dreieckige Fläche ab. Der Winkel, unter dem die Muskelfortsätze zweier an einander grenzender Radiale sich einander nähern, ist etwa ein rechter, also etwas spitzer als der Winkel des regelmässigen Fünfecks, welches die äussere Kante des Radialkranzes bildet, aber nicht so spitz, als es nach Beyrich (Crinoiden Taf. I. Fig. 16) bei *Encrinus liliiformis* der Fall ist. Eine Begrenzung der Radial- und Interradialgruben durch deutliche Kanten sehe ich nicht, die Gruben und die dieselben trennenden Rücken verlaufen gerundet in einander. An einer Seite (Fig. 1 b.) ist der Kanal, welcher die Fortsetzung der Interradialgrube bildet, noch geschlossen erhalten, meist ist die denselben oben begrenzende Partie weggebrochen. Eine weitere Erörterung wird durch die Abbildung und die allgemeine Uebereinstimmung mit *Encrinus liliiformis*, dessen Innenseite von Beyrich genau beschrieben wurde, überflüssig.

Die Abbildung ist in doppelter Grösse, das Exemplar also etwas kleiner als das von Rüdersdorf. Um jeden Zweifel über die Identität zu heben, wird man das Auffinden der übrigen Krönentheile abwarten müssen. Die vorliegenden Reste können aber nur dem *Encrinus Carnalli* oder einer neuen Art angehören.

Encrinus sp. (Encr. tenuis Münster M. S.)

Herrn Professor Zittel verdanke ich die Mittheilung einer Krone, die mit der Münster'schen Sammlung in die akademische Sammlung in München übergegangen ist. Die Etiquette trägt die Bezeichnung *Encrinus tenuis* und als Fundort wird Recoaro angegeben. Es war mir nicht möglich, einen wesentlichen Unterschied gegen *Encr. liliiformis* herauszufinden, nur sind die

Dimensionen geringer, als sie deutsche Kronen dieser Art in der Regel zeigen. So sind z. B. die bei Erkerode gewöhnlich vorkommenden doppelt so gross. Vielleicht könnte *Encr. aculeatus* in Frage kommen, doch sind Protuberanzen der Armglieder nicht zu bemerken. Da das Exemplar aber stark mit Säure behufs der Reinigung angegriffen wurde, könnten die Stacheln auch verschwunden sein.

Encrinus sp. Patina. Taf. IV Fig. 4.

Die abgebildete im Gesteine sitzende Patina unterscheidet sich von allen mir bekannten Muschelkalk-Encriniten. Innerer und äusserer Basalkranz liegen in einer Ebene. Die Radialien erster Ordnung zeigen dicht an der Grenze gegen die Basalia eine geringe Anschwellung ihrer unteren Hälfte, während die äussere Hälfte sich scharf nach oben biegt, jedoch niedrig bleibt. An einer Seite lässt sich noch der Muskelansatz mit dem durchbohrenden Canal erkennen. Die ganze Patina gewinnt so das Ansehen einer flachen fünfseitigen Scheibe mit niedrigen Rändern. Der Eindruck des letzten Stielgliedes ist noch zu erkennen und aus der Stellung desselben ergibt sich, dass bei vorhandenem Stiel der äussere Basalkranz nur sehr wenig über den Stengel herausragte. Dies Verhältniss ist also ähnlich wie bei *Encr. liliiformis* (Beyrich l. c. Taf. I Fig. 3). Die nicht eingesenkte Lage der inneren Basalia gegen die äusseren, sowie die etwas andere Beschaffenheit der Radialia erster Ordnung scheint jedoch die Vereinigung mit dieser Art zu verbieten.

Encrinus sp. Taf. IV Fig. 3 a. b.

Innerer und äusserer Basalkranz, letzterer bis auf ein Glied und das letzte scheibenförmige Stengelglied sind erhalten. Wie bei vorigem Exemplar liegen beide Basalkränze in einer Ebene, doch ragen die Glieder des äusseren derselben hier weit mehr über das letzte gerundet fünfeckige Stengelglied hinaus. Nach der senkrecht abfallenden äusseren Nathfläche der äusseren Basalglieder zu urtheilen, lagen auch die Radialglieder noch horizontal an. Von der ziemlich tiefen Centralgrube aus bemerkt man Andeutungen der nach oben laufenden Radial- und Interradialgruben. Diese Theile reichen zu einer spezifischen Bestimmung nicht aus.

Encrinus sp. Taf. IV Fig. 2.

Ein erstes Radial, ausgezeichnet durch die tief herabhängend sackförmige Verlängerung der Aussenseite. Fig. 2 c. wurde so gezeichnet, wie die natürliche Stellung an der vollständigen Krone gewesen sein mag.

Encrinus sp. Taf. IV Fig. 8.

Ein zweites Radial, von der oberen Nathfläche gesehen.

Entrochus sp. cf. **Encrinus lilliformis.**

Erfüllen mehrere Fuss mächtige Bänke mit Brachiopoden, besonders *Retzia trigonella* und *Rhynchonella decurtata*. Seltener kommen Glieder vor wie Taf. IV Fig. 5 mit sehr kräftiger Kerbung der Gelenkfläche, die Leisten bis 2 Drittel nach Innen laufend. Vergl. Goldfuss Taf. 53 Fig. η.

Entrochus Silesiacus Beyr. Taf. IV Fig. 12 a—c.

Schauroth hat solche Glieder *Encr. radiatus* genannt, (Krit. Verz. pag. 288. Taf. 1 Fig. 4 a—c.) nachdem Beyrich ähnlich gestaltete aus oberschlesischem Muschelkalk (Crinoiden pag. 46), auf die schon von Quenstedt früher aufmerksam gemacht worden war, als *Encrinus Silesiacus* aufgeführt hatte. Eck hat denn auch unter den Synonymen des *Encr. Silesiacus* den *Encr. radiatus*. Diese Glieder sind viel seltener als *Encr. liliiformis*. Bei vorgeschrittener Verwitterung erweitert sich der Nahrungskanal ganz wie bei *Apiocrinus*, mit dessen Gelenkflächen die der vorliegenden Stielglieder auch ganz übereinstimmen. An einem noch zusammenhängenden Stengelstück Fig. 12 c. tragen einzelne Glieder Narben von Wirteln.

Eine besondere Bank erfüllen Glieder wie Taf. IV Fig. 6. 7., deren ersteres mit Pentacrinus dubius bezeichnet werden kann, während letzteres, wäre es in deutschem Muschelkalk gefunden, als Encrinus pentactinus oder Encr. Schlottheimi bezeichnet werden würde. Ebenso wie diese hält Encr. Carnalli und Encr. sp. Taf. IV Fig. 4 eine besondere höhere Bank ein über den Hauptbrachiopodenbänken, während die übrigen, besonders die Hauptmasse der Stengelglieder förmliche Trochitenkalke im Horizont der Brachiopoden bilden.

Radiolus cf. Cidaris grandaeva Gldf.

Cidaris sp. cf. Cidaris lanceolata Schaur.

Eine Assel aus dem Trochitenkalk, stimmt mit der Schauroth'schen Abbildung.

Cidaris lanceolata Schaur. Radioli. Taf. III Fig. 12. 13.

Sehr häufig grosse, plattgedrückte Stacheln mit fein granulirter Oberfläche und deutlich gekerbter Gelenkung. Bis 4^{cm} lang. Ich bin über die Identität mit der von Schauroth neu benannten Art nicht sicher, vermuthe aber, wegen der Häufigkeit der mir vorliegenden Stacheln, dass solche stattfindet. Nach Analogie jurassicher Verkommnisse würde wohl die Gattungsbezeichnung *Rhabdocidaris* anzuwenden sein.

Ostrea ostracina Schl. Taf. III Fig. 7. 8.

Zeigt in der Gegend des Wirbels den Ostreencharakter in der Art der Anwachsstreifung der Bandgrube. Fig. 7 ist innen fein gestreift, wie das auch See bach angibt.

Pecten Albertii Gldf.

Pecten discites Schl.

Hinnites comtus Gldf. Taf. III Fig. 9.

Mit einzelnen Janiraartig hervortretenden Rippen und sehr zierlicher Sculptur der Oberfläche.

Lima lineata Schl.

Lima striata Schl.

Gervillia socialis Schl.

Gervillia costata Schl.

In dieser Abtheilung seltener als in der unteren, aber bis in die höchsten Schichten hinaufgehend.

Myophoria vulgaris Schl. Taf. III Fig. 6.

Löst sich sehr zierlich aus den harten Kalken heraus.

? Myophoria orbicularis Br. Taf. IV Fig. 14.

Es ist sehr zweifelhaft, ob die Bezeichnung richtig ist. Gehört aber dieses einzige mir vorliegende derartige Exemplar nicht zu *Myophoria orbicularis*, so würde diese Art bis jetzt in den Südalpen nicht nachgewiesen sein.

Modiola substriata Schaur. Taf. III Fig. 11.

Es ist jedenfalls die Schauroth'sche Art, die mir vorliegt, mein Material reicht aber nicht aus, das Verhältniss zu Mytilus Mülleri Gieb. (Verst. v. Lieskau Taf. III Fig. 2) zu untersuchen.

? Myoconcha gastrochaena, Dnkr. sp. Taf. III Fig. 3.

Mehrere sehr gut erhaltene Schalenexemplare, mit einzelnen Pflanzenresten, noch über den Hauptpflanzenbänken liegend. Das Schloss ist unbekannt und so wurde die Bezeichnung nur nach der äusseren Gestalt gewählt. Professor Sandberger, dem ich ein Exemplar vorlegte, ist geneigt, sie für eine *Cardinia* zu halten.

Retzia trigonella Schl. sp.

Die gesammten Brachiopoden werden später von Dr. Schloenbach behandelt werden, ich beschränke mich daher darauf, zu bemerken, dass ich die verschiedenen, von Schauroth aufgeführten Arten der Gruppe der *Terebratula vulgaris* hier nicht getrennt habe.

Spiriferina Mentzeli Dnkr.
Spiriferina hirsuta Alb.
Terebratula vulgaris Schl.
Terebratula augusta Mustr.
Rhynchonella decurtata Gir.
Natica Gaillardoti Lefr.

Sehr gross werdend und hoch in den Schichten hinauf gehend.

Natica dichroos n. sp. Taf. III Fig. 4.

Sehr schöne Art, mit noch erhaltenen Farbenbändern. Das abgebildete Exemplar in natürlicher Grösse. Andere, wie sie in ziemlicher Häufigkeit in einer Bank vorkommen, die zwischen Pflanzenschichten liegt, werden noch beträchtlich grösser. Es sind 4 Umgänge sichtbar, der letzte sehr bauchig. Die Nath liegt in einer tiefen Rinne, so dass die Umgänge sich vor derselben in einer scharfen Kante erheben, etwa wie bei *Natica oolithica*. Die Nabelschwiele ist ausserordentlich stark, die Grundfarbe des Gehäuses ist braun mit zwei helleren Bändern auf jedem Umgang, die von braunen, zickzackförmigen Zeichnungen unterbrochen werden.

Chemnitzia scalata Schl. sp. Taf. III Fig. 5.

Von beträchtlichen Dimensionen, ganz übereinstimmend mit den so häufigen Steinkernen der Gegend von Rüdersdorf und Lieskau.

Pleurotomaria Albertina Ziet.

Bairdia triasina Schaur.

Sehr häufig in einem schiefrigen Bänkchen von geringer Mächtigkeit zwischen den Pflanzenbänken ziemlich hoch oben. Ich konnte dasselbe nur an einer Lokalität auffinden, jedenfalls aber ist es in den Umgebungen von Recoaro weiter verbreitet.

Vergleichen wir die hier mitgetheilten Listen von Fossilien aus dem ganzen Muschelkalk von Recoaro mit denen von Schauroth gegebenen, so fehlen, wenn wir von den Varietäten der *Terebratula vulgaris*, den zahlreichen *Rissoen* und einigen unsicheren Resten absehen, nur wenige. Am wichtigsten darunter ist vielleicht *Spirifer fragilis* und *Terebratula sulcifera*, die ich nicht gefunden habe. Eine Schuppe eines Fisches (Schauroth führt Theile von Acrodus an) kam mir auch einmal vor, das ändert aber in der grossen Seltenheit von Fischen und Reptilien im alpinen Muschelkalk nichts.

Brachiopoden und Stielglieder vom Typus des *Eucrinus liliiformis* gehen aus den unteren Bänken, die ihr Hauptlager bilden, noch höher hinauf und zwar besonders die ersteren, denen man in dünnen Lagen und schliesslich vereinzelt begegnet, so lange überhaupt noch Fossilien sich finden. Auch die Pflanzen beginnen frühzeitig. Schon in den kieselreichen Bänken liegen bis 1" dicke, verkohlte Aeste mitten zwischen den Brachiopoden. Erst höher oben aber, wo die anderen Fossilien seltener werden, stellen sich einige dünne Schichten weicher, mergeliger Gesteine mit den schönsten beblätterten Zweigen und Fruchtständen ein. Auch wiederholen sich mehrmals Kohlenbänkchen, die stellenweise bis 3" Mächtigkeit erreichen, doch nirgend anhalten und in wenigen Fuss horizontaler Entfernung sich wieder auskeilen. In mürben Schiefern in dieser Hauptpflanzenregion fanden sich auch die *Bairdien*. Eine besondere Bank hat ferner *Chaetetes Recubariensis*, deren Oberfläche zuweilen ganz bedeckend. *Encrinus Carnalli* und *Encrinus* sp. Taf. IV Fig. 4 fanden sich ebenfalls in einer besonderen Schicht über der Hauptmasse der Brachiopoden. Es lag wegen des Ersteren nahe, hier ein besonderes Aequivalent des Schaumkalks finden zu wollen, dem in Deutschland *Encrinus Carnalli* eigen ist, allein es gehen Brachiopoden und Pflanzen auch über diese Bank noch hinauf. Ziemlich den Schluss der Fauna bildet die schöne *Natica dichroos* und die Schalenexemplare der ? *Myoconcha gastrochaena*. Ueber denselben wurden nur noch einzelne *Gervillia costata* und *Retzia trigonella* angetroffen.

Der Uebergang zu fossilfreien Bänken ist, wie sich schon aus dem vorigen ergibt, ein ganz allmäliger. Ueber den letzten *Gervillien* und *Retzien* folgen noch beträchtliche Kalkmassen von etwa 20 ™, in ihrer allgemeinen Beschaffenheit mehr der unteren Abtheilung der vorhergehenden Schichten gleichend. An Stelle der Kieselausscheidungen tritt aber Baryt, der in blättrigen Massen stellenweise allein das Gestein bildet. Die Verwitterungskruste färbt sich lebhaft rothbraun.

Die nun folgenden von Schauroth als Keuper gedeuteten Sandsteine von rother Färbung, die den Muschelkalk von den Dolomiten der oberen Trias trennen, scheinen beinahe ganz fossilfrei zu sein. Nur ein Plättchen, mit einer *Gervillia* ähnlichen Muschel bedeckt, fand sich am Mt. Spizze.

Aus den höher liegenden hellen Kalken und zuckerkörnigen Dolomiten erhielt ich einen *Megalodus triqueter* und nicht selten den *Turbo solitarius* (diese Beiträge Band I pag. 155), dessen Vorkommen in Keuperdolomiten der Nordalpen auch Mojsisovics in neuerer Zeit nachwies (Jahrb. Reichsanst. 1866 Verh. pag. 163). Durchschnitte von Ammoniten und Gastropoden aus heruntergefallenen Blöcken gestatten keine weitere Bestimmung.

Untersuchen wir nun, welche allgemeinere Bedeutung die einzelnen bei Recoaro nachgewiesenen Unterabtheilungen haben. Zunächst ist denn hervorzuheben, dass solche Abtheilungen sich überhaupt mit Schärfe aufstellen lassen und dass man nicht von Recoaro als dem Typus eines Muschelkalkvorkommens sprechen kann, das als Ganzes mit irgend anderen Ablagerungen zu vergleichen sei. Bisher hatte nur Schauroth die unteren Schichten des Röthdolomits gesondert hingestellt, alles darüber liegende wurde von ihm und seinen Nachfolgern zusammengefasst oder wenigstens, wie bei Pirona, den einzelnen getrennten Schichten keine weitergehende Bedeutung beigelegt. *Encrinus gracilis* und die Brachiopoden finden sich in der Literatur gemeinsam als bezeichnend für den Muschelkalk von Recoaro angeführt, ohne dass auf das getrennte Lager derselben hingewiesen wurde. Es lag allerdings um so weniger Veranlassung vor, an dieser Association zu zweifeln, als auch, wie später von Reutte aus, auf der Nordseite der Alpen der Muschelkalk nach Osten und Westen verfolgt wurde, in gleicher Weise die Brachiopoden und Stielglieder von *Encrinus gracilis* in einer Schicht zitirt wurden.

Zu einer Zeit, wo man nur erst von dem Vorkommen bei Recoaro als ächtem alpinem Muschelkalk zu sprechen berechtigt war und die weite Verbreitung dieser Formation in den Alpen noch nicht kannte, hatte man sich gewöhnt, Oberschlesien als Vergleichungspunkt für den deutschen Muschelkalk herbeizuziehen, ja hatte wohl sogar den oberschlesischen Muschelkalk als eine alpine Facies im Gegensatz zum übrigen deutschen Muschelkalk angesehen. Worin nun aber eigentlich die Uebereinstimmung zwischen der schlesischen und der vicentinischen Ablagerung besteht und wie gross dieselbe, wenigstens für die unteren Abtheilungen, ist, lässt sich in vollem Maasse erst jetzt, auf Grund der vortrefflichen Arbeit Eck's übersehen. (H. Eck. Ueber d. Format. d. bunten Sandsteins und des Muschelkalks in Oberschlesien.)

Wir finden in der der Eck'schen Arbeit angehängten Parallelgliederung die grosse Zahl der einzelnen unterschiedenen Schichten in eine Reihe solcher Abtheilungen zusammengefasst, die einen bequemen Vergleich mit andern Gegenden gestatten. Auch wurde gelegentlich darauf hingewiesen, dass die oberschlesischen Ablagerungen durchaus nicht so abweichend dem übrigen deutschen Muschelkalk gegenüberstehen, als das bisher angenommen wurde. Insbesondere konnte auf das Auffinden der Brachiopoden bei Würzburg durch Sandberger hingewiesen werden, um darzuthun, dass gerade die Thierreste, die bisher als ausschliesslich die sogenannte alpine Facies charakterisirend angesehen wurden, eine ziemlich weite Verbreitung haben, und dabei einen constanten Horizont einhalten. Durch die oben mitgetheilte Gliederung sind wir nun auch in den Stand gesetzt, die Vorkommnisse von

Recoaro genauer mit Oberschlesien zu vergleichen, als es bisher möglich war, und können, indem wir uns der letzteren Gegend gewissermassen als einer Brücke bedienen, auch das Verhältniss des vicentinischen zum übrigen deutschen Muschelkalk in's Klare setzen.

An der Basis seiner Trias hat Eck den bunten Sandstein, den wir bei Recoaro und den übrigen Lokalitäten ebenfalls zu unterst antrafen. Die im thüringisch-fränkischen bunten Sandsteine auftretenden Rogensteine fehlen in Oberschlesien, ebenso in den Alpen. Dafür ist hier die untere Abtheilung häufig conglomeratartig, in westlichen Gegenden noch viel auffallender als in den mittleren, indem besonders in der Lombardei der sogenannte Verrucano eine solche Mächtigkeit erreicht, dass man häufig die Vermuthung ausgesprochen hat, er möge auch noch tiefere als triadische Formationen repräsentiren[1]). Eine andere als petrographische Grenze lässt sich nach Oben für den eigentlichen bunten Sandstein nicht angeben. Man muss denselben eben da enden lassen, wo mergelige und kalkige Beschaffenheit des Gesteins die Oberhand gewinnt. Vielleicht finden sich noch mit der Zeit Pflanzenvorkommnisse, welche bessere Erhaltung zeigen, als die Kohlenschmitze im Prechelegraben (S. o. pag. 26), denn diese könnten dann den Elsässer und Badischen im Alter gleich stehen und die ungefähre obere Grenze des bunten Sandsteins anzeigen. Das Fehlen oder sehr seltene Vorkommen[2]) von Reptilien kann als ein negativer Charakter des alpinen bunten Sandsteins gelten.

Rothe Letten mit feinen Sandsteinen und Dolomiten folgen in Oberschlesien auf den bunten Sandstein und Eck führt bereits eine ziemliche Anzahl Fossilien aus denselben an, während tiefer nur eine *Lingula tenuissima* und ein nicht weiter bestimmbarer *Pecten* gefunden wurden. Diesen Schichten steht unzweifelhaft gleich unser Röthdolomit, wohl der constanteste und weitverbreitetste untere Triashorizont der Südalpen, da er sich von dem Comer-See an nach Osten hin verfolgen lässt, so weit man überhaupt bis jetzt genauere Untersuchungen in den östlichen Fortsetzungen der Alpen gemacht hat. *Posidonomya Clarai* und *Naticella costata* dürften die am häufigsten angeführten Fossilien sein. Ich besitze beide vom Passe Croce Domini an der Grenze von Lombardei und Tirol. Etwas weiter westlich liegen sie noch in Val Camonica. Noch weiter nach Westen scheint

---

[1]) Vergl. die interessante Arbeit von Süss, Sitzungsber. d. Wiener Akad. d. Wissensch. 1868: über die Aequivalente des Rothliegenden in den Südalpen.

[2]) Gümbel (geogn. Beschreib. der bayerischen Alpengeb. pag. 181) hat *Nothosaurus mirabilis* von Gartenau bei Berchtesgaden.

in dem Maasse, als der bunte Sandstein mehr conglomeratartig wird, der Röthdolomit mit seinen Fossilien zurückzutreten. Inmitten Tyrol's beginnen die Cephalopoden (unterer Horizont mit *Cerutites Cassianus* etc.), die gegen Osten immer häufiger zu werden scheinen, wie das aus Hauer's Mittheilungen zu ersehen ist (Sitzungsber. Wiener Akad. Band 52 1865). Auf der Nordseite der Alpen sind sichere Nachweise spärlicher, wie denn überhaupt in diesem Augenblick die Ansichten über die rothen Sandsteine daselbst, besonders der mit den Salzvorkommnissen verbundenen, sehr auseinander gehen. Doch reichen auch hier die Angaben Hauer's hin, mit Sicherheit den Röthdolomit zu constatiren. *Naticella costata* und *Posidonomya Clarai* führt auch Gümbel von einer Reihe von Punkten an.

Auch in anderen ausseralpinen Gegenden ausser Oberschlesien, pflegt meist der Uebergang von reinem Sandstein in die Kalke durch ein System mergeliger, thoniger und sandiger, dünnschichtiger Gesteine vermittelt zu sein, die nach Oben häufig dolomitische Beschaffenheit annehmen. Wegen der schlechten Erhaltung waren die Fossilreste dieser Schichten bisher ziemlich verachtet, erst neuerdings hat man denselben mehr Aufmerksamkeit zugewandt und da zeigten sich gegenüber den Alpen mancherlei provincielle Eigenthümlichkeiten. Ausser *Myophoria costata* Zenk. (fallax Seeb.) wird kaum ein, für den ausseralpinen Röth allein bezeichnender Rest aufzufinden sein. Diese Art gerade kenne ich aus den Alpen nicht und an ihre Stelle tritt *Myoph. ovata*, die in Deutschland erst im oberen Wellenkalk auftritt und nirgends eine besondere Bedeutung erlangt. Dafür ist *Posid. Clarai*, *Natic. costata* und *Turbo rectecostatus* dem alpinen Röth eigen und auf diesen beschränkt, in Deutschland aber ganz unbekannt. Ebenso fehlen ausserhalb der Alpen Cephalopoden, denn das Auftreten des *Ammonites Buchi* bei Lendzin im Röth (Eck pag. 40) steht noch sehr vereinzelt. Sollte auch noch eine ganze ausseralpine Cephalopodenfacies aufgefunden werden, so wäre die Uebereinstimmung der Arten doch noch sehr fraglich. Man darf übrigens die Vergleichungen nicht zu weit treiben. Es liegt in der Natur der in Rede stehenden Schichten, dass sie bis in's Einzelne hinein nur auf geringe Entfernungen übereinstimmen können und ebenso werden die einzelnen Fossilien verschieden früh auftreten und verschwinden. Im Ganzen und Grossen aber lässt sich die Uebereinstimmung und weite Verbreitung dieser Schichten in Mitteleuropa nicht in Abrede stellen, und man ist sogar versucht, in aussereuropäischen Vorkommnissen, wie den Sandsteinen der Spitischichten von Balamsali im Himalaya (Gümbel, Sitzungsber. bayer. Akad. 1865) eine dem Röthdolomit gleichzeitige Bildung erkennen zu wollen. Eine gleichartige ist es jedenfalls.

Wir wenden uns zu jüngeren Schichten und werden hier noch ein weiteres Argument für die Gleichstellung alpiner und ausseralpinen Röthdolomits gewinnen. Je nachdem man die Mergel mit *Myophoria orbicularis* als ein besonderes Glied auffasst oder nicht, kann man den deutschen unteren Muschelkalk in drei oder zwei Abtheilungen bringen. Dies Fossil ist nun nur von Recoaro und auch da nicht sicher bekannt und von einem Horizont desselben kann in den Alpen nicht die Rede sein. Da die Schichten der *Myoph. orbicularis* auch sonst nur sehr wenige und keine bezeichnenden Fossilreste enthalten, fällt jeder Grund weg, dieselben bei einer Vergleichung mit alpinen Vorkommnissen besonders zu berücksichtigen. Wollen wir daher Recoaro mit ausseralpinem Wellenkalk vergleichen, so werden wir nur eine untere und obere Abtheilung in Betracht zu ziehen haben.

Es ist jetzt wohl allgemein anerkannt, dass die oberschlesischen Brachiopodenschichten, d. i. bei Eck die Hauptmasse der oberen Abtheilung des unteren Muschelkalks, mit den alpinen Brachiopodenschichten in naher Beziehung stehen, nur das ist noch Gegenstand der Diskussion, ob man die alpinen Schichten als Vertreter des ausseralpinen Wellenkalks allein, oder zugleich auch noch des gesammten Muschelkalks anzusehen habe. Die letztere Ansicht konnte so lange mit gewissem Recht ausgesprochen werden, als nicht dem einseitigen paläontologischen Beweise, der zu Gunsten einer speciellen Parallelisirung geführt wurde, auch Gründe aus den Lagerungsverhältnissen genommen, zur Seite standen. Hat man, so wurde argumentirt, in einem Gebiete drei Schichten a b c durch ihre Lagerung in einer gewissen Reihenfolge erkannt, und alle drei sind durch Fossilien bezeichnet, und man findet nun in einer entlegenen Gegend eine Schicht b', deren organische Einschlüsse mit denen von b übereinstimmen, so ist der Schluss, dass nun b' nothwendig b entsprechen müsse, nicht gerechtfertigt, so lange nicht auch für a und c Aequivalente gefunden sind. Fehlen diese, nahm man an, so kann b' ebensogut auch ein Aequivalent für a, b und c zusammen sein.

Wir sind nun für die Gegend von Recoaro in der Lage, den Nachweis zu führen, dass bei dem früher schon mehrfach gemachten direkten Vergleich der alpinen Brachiopodenschichten nur allein mit deutschem oberen Wellenkalk, die ersteren durchaus nicht in der Luft schweben. Wie nämlich die von mir als Schichten des *Encrinus gracilis* beschriebene Abtheilung bei Recoaro den Raum zwischen Röthdolomit und Brachiopodenbänken ausfüllt, so lagern in Oberschlesien zwischen den gleichen Schichten die kavernösen Kalke und die als Schichten von Chorzow bei Eck genauer beschriebenen Gesteine (Eck pag. 44) und nur eine ganz abweichende paläontologische Entwicklung derselben könnte einen Vergleich mit den südalpinen Schichten verbieten. Es findet nun aber im Gegentheil eine sehr gleichartige Entwickelung der Fauna statt. Von den höheren Thieren müssen wir freilich absehen, denn Fische und Saurier, so bezeichnend für ausseralpine Trias, spielen im Muschelkalk der Alpen ebenso wie im bunten Sandstein keine, oder nur eine sehr untergeordnete Rolle. Von niederen Thieren finden sich bei Eck, pag. 48, beinahe alle von mir von Recoaro angeführten Arten, mit Ausnahme natürlich der neuen und einiger weniger anderer, die überhaupt für keinen bestimmten Horizont bezeichnend sind.

Encrinus gracilis beherrscht die Fauna bei Recoaro in diesem Horizonte und fehlt höher gänzlich [1]). In Oberschlesien hat er ebenfalls in den Schichten von Chorzow sein Hauptlager, wenn er auch einzeln höher hinauf geht. Nächst demselben sind am häufigsten *Pecten discites*, *Lima lineata*, *Gervillia costata* und *mytiloides*, *Myophoria cardissoides*. Alle diese Formen kommen auch sonst im Wellenkalk vor und sind zum Theil auf denselben beschränkt und sehr bezeichnend wie *Gerv. mytiloides* und *Myoph. cardissoides*. Wenn also schon die Lagerung die Schichten des *Encrinus gracilis* in den unteren Wellenkalk verweist, so führt die Untersuchung der übrigen Fauna zu dem gleichen Resultate.

Da die Brachiopodenschichten nun nicht mehr auf Oberschlesien beschränkt sind, sondern von Sandberger bei Würzburg, von mir selbst am unteren Neckar nachgewiesen sind, und deren Vorkommen durch Seebach (Weimar'sche Trias, Zeitschr. deutsch. geol. Gesell. Band 13 pag. 565) in Thüringen wahrscheinlich gemacht ist, wird es gestattet sein, auch die in diesen Gegenden zwischen den genannten Schichten und dem Röth liegenden Bänke als gleichzeitige Bildungen mit den Schichten des *Encrinus gracilis* von Recoaro anzusehen. Doch ist es entschieden für jetzt nicht thunlich, weitere Unterabtheilungen, wie sie wohl in Deutschland, und auch da nur lokal nachgewiesen wurden, in den Alpen wiedererkennen zu wollen. Ich glaube auch späterhin wird die Aufgabe darin bestehen, innerhalb des gewonnenen Rahmens grösserer Abtheilungen, mehr die Verschiedenheit als die Gleichheit der zoologischen und petrographischen Facies aufzusuchen, was aber mit Sicherheit erst nach Vollendung sehr specieller Karten möglich sein wird, die zu einer schrittweisen Aufnahme nöthigen.

Ein Blick auf die mitgetheilten Listen von Fossilien genügt, um zu erkennen, wie verschiedenartig die Gesammtheit der beiden oben getrennten

---

[1]) Schauroth führt zwar im Verzeichniss der Versteinerungen des herzogl. Mineralienkabinets zu Coburg pag. 53 Encrinus gracilis aus unterem und mittlerem Muschelkalk an, dieser letztere gehört aber wohl noch zu meiner unteren Abtheilung.

Abtheilungen in paläontologischer Hinsicht entwickelt ist. Gerade die charakteristischen und häufigen Arten sind von beschränkter Verbreitung, so *Encrinus gracilis* und *Gervillia mytiloides* unten, die anderen Crinoideen und die Brachiopoden oben. Ein solches absolutes Verschwinden von häufigen Arten ist besonders im Muschelkalk eine nicht gewöhnliche Erscheinung, man muss sich jedoch dabei erinnern, dass die beiden kalkigen Ablagerungen durch Mergel und Sandsteine von einander getrennt sind, somit ein vollständiger Wechsel der Facies stattgefunden hat.

Ausserordentlich ist nun die Uebereinstimmung der Fauna der Brachiopodenschichten Oberschlesien's und Recoaro's. Scyphien und Corallen sind in beiden Gegenden zu Hause. Mein Material reichte zwar zu genauerer Bestimmung nicht aus, doch wurde *Thamnastraea Bolognae* Schaur. von Eck auf *Tham. Silesiaca* Beyr. zurückgeführt. Während die oberschlesischen Scyphien eigentlich alle im Mikultschützer Kalk liegen, gehen die Corallen durch mehrere Schichten durch. Bei Recoaro konnte ich nur beobachten, dass Schwämme mit Brachiopoden in demselben Handstück sitzen, *Chaetetes Recubariensis* und die übrigen Corallen aber eine Schicht über der Hauptmasse der Brachiopoden erfüllen. Die genannte Art zeichnet sich vor anderen Corallen durch ihre grosse Häufigkeit und wenn die von Sandberger bei Würzburg aufgefundene Art sich als identisch erweisen sollte, auch durch ihre weite Verbreitung aus. Der *Chaetetes triasinus* Schaur., der mit *Cylindrum annulatum* Eck sp. übereinstimmen soll, wurde mir nicht aus eigener Anschauung bekannt, da ich das Tretto, wo er sich findet, nicht besuchen konnte. Der Rest bei Hauer (Venet. Foss. Taf. 4 Fig. 19) dürfte wohl auch verwandt sein. Es werden übrigens hier Dinge aus sehr verschiedenen Horizonten zusammengenommen. So stammt die wohl auch in Vergleich gezogene *Gastrochaena obtusa* Stopp. aus Keuperdolomiten. Ebenso gehört in den Keuper Schafhäutl's *Nullipora* von der Zugspitze. Immerhin mag ähnliches in Oberschlesien im Himmelwitzer Dolomit und im Tretto in höheren Horizonten des Muschelkalks liegen. Allgemeinere Vergleiche auf diese Dinge hin werden jedoch nur mit Vorsicht aufzunehmen sein. Das Vorkommen im Tretto wurde übrigens von Schauroth in seiner ersten Abhandlung pag. 527 aus Findlingen angegeben, die vermuthlich aus dem Niveau von St. Cassian stammen sollten, erst in der zweiten Abhandlung pag. 285 heisst es, dass *Ch. triasinus* jedenfalls dem Muschelkalk angehöre.

Von Crinoideen führt Eck *Encrinus aculeatus*, *gracilis*, *Entrochus* cf. *E. liliiformis*, *Entrochus dubius* und *Silesiacus* au. Kronentheile von *Encr. aculeatus*, welche allein entscheiden könnten, habe ich bei Recoaro nicht gefunden. Die Begrenzung der Art scheint übrigens nach dem Nachtrage bei Eck, wo die von Beyrich abgebildete Patina von *Encr. aculeatus* (Crinoid. Taf. 1 Fig. 16) mit *Encr. liliiformis* in Verbindung gebracht wird, noch zweifelhaft. *Encr. gracilis* wurde oben besprochen. Die andern drei Arten finden sich bei Recoaro häufig vor, doch nur in vereinzelten Stiel- und Kronentheilen. In Oberschlesien fehlt und tritt in Recoaro auf: *Encr. Carnalli* und die zweifelhafte Art (Taf. IV Fig. 4). Erstere wurde ausserhalb der Alpen zuerst aus dem Schaumkalk von Rüdersdorf beschrieben, also auch aus der oberen Abtheilung des unteren Muschelkalks. Die Stielglieder vom Typus des *E. liliiformis*, die mehrere mächtige Bänke zusammensetzen, können also vier verschiedenen Arten angehören, nämlich *E. liliiformis* selbst, *E. aculeatus*, *E. Carnalli* und der unbestimmten Patina. Dazu treten wohl unterscheidbar noch die Formen des *Entrochus dubius* und *Entrochus Silesiacus*. Die Echinidenreste gestatten wegen schlechter Erhaltung nur unsichere Deutungen, doch sind manche Radioli wie von Schauroth's *Cidaris lanceolata* häufig und es haben die Seeigel mit den Crinoideen und Brachiopoden zusammen wesentlich den Charakter der Fauna bedingt. Von letzteren sind alle aus Oberschlesien bekannten Arten, mit Ausnahme der *Discina discoides* und der *Rhynchonella Mentzelii* bei Recoaro vertreten und *Terebratula angusta*, die im eigentlichen Mikultschützer Kalk selten wird (Eck pag. 95), findet sich bei Recoaro häufig mit den übrigen Brachiopoden zusammen. Andere Fossilien treten an Bedeutung ganz zurück gegen die genannten und kein Zweischaler z. B. erreicht hier eine solche Häufigkeit wie in den Schichten des *Encrinus gracilis*. Auffallend ist gegenüber ausseralpinen Vorkommnissen, das gänzliche Zurücktreten der Austern. *Ostrea ostracina* ist selten und gerippte Austern habe ich gar nicht gefunden, während bei Heidelberg *Ostrea flabelloides* in der Spiriferinenbank zu den gewöhnlichsten Erscheinungen gehört. Die ausserordentliche Seltenheit der *Myophoria orbicularis* wurde oben besprochen. Unter den Gastropoden gewinnt nur an der Grenze der fossilführenden Schichten Natica dichroos n. sp. (pag. 43) eine grössere Bedeutung.

Eine Eigenthümlichkeit für Recoaro ist das massenhafte Auftreten von Pflanzen. Es finden sich solche einzeln auch sonst im südalpinen Muschelkalk, eine Anhäufung derselben jedoch, welche bis zur Bildung mehrerer Zoll dicker Kohlenbänkchen geht, ist nicht bekannt. Einen merkwürdigen Anblick gewährt die Mischung thierischer und vegetabilischer Reste. Schon in den Hauptbrachiopodenschichten, wie oben erwähnt, finden sich einzelne Asttheile, offenbar eingeschwämmt. In dem Maasse, als die Pflanzen überhand nehmen, vermindern sich die Thiere in den höheren Schichten, ohne dass sich beide jedoch ganz ausschlössen. In den, an Pflanzen reichsten Bänken habe ich zwar nie Muscheln gesehen, allein dicht darüber trifft man mit Gastropoden in demselben Handstück Blätter von *Araucarites* und *Retsia* schwärmt noch bis in die höchsten Lagen hinauf. Das ganze Vorkommen findet in der Annahme eines flachen Uferstrichs, um dessen Besitz Meer und Festland längere Zeit kämpften, eine hinreichende Erklärung. Die Erhaltung zarter Theile zeigt an, dass die Pflanzen nicht weit transportirt und nicht lange umhergeworfen wurden. Senkte sich ein ganzer Theil des Ufers mit üppiger Waldung, so konnte es bis zur Kohlenbildung kommen, während einzelne in das Wasser gerathene Aeste mit den thierischen Resten zusammen umhüllt wurden. Es ist auch zu beachten, dass die an Pflanzen reichsten Schichten dünnschiefrige mergelige Gesteine sind, einstiger Uferschlamm, dessen Schichtung nur durch die eingestreuten Pflanzentheile hervorgebracht wurde, während die mit vielen thierischen Resten und nur wenigen Pflanzen erfüllten Bänke von compakter krystallinischer Beschaffenheit sind, also zu ihrer Bildung eine gewisse, wenn auch vielleicht nicht bedeutende Tiefe des Wassers voraussetzen.

Wir sind mit den Brachiopodenschichten an der oberen Grenze des fossilführenden Muschelkalks von Recoaro angelangt, in dem sich also drei grössere Abtheilungen unterer deutscher Trias über dem bunten Sandstein nach Lagerung und Petrefaktenführung mit Sicherheit wiedererkennen liessen. Die unterste derselben, die des Röthdolomits, erwies sich als ungemein gleichartig über einen grossen Theil der Alpen und Deutschlands verbreitet, nur mit solchen Abweichungen in verschiedenen Gebieten, die sich leicht auf provincielle Unterschiede der Facies zurückführen lassen. Auffallend anders verhalten sich dagegen die beiden, über dem Röthdolomit folgenden Gruppen. Es ist nämlich noch an keinem anderen Punkt der Alpen gelungen, getrennte Schichten aufzufinden, die durch *Encrinus gracilis* einerund die Brachiopoden andererseits charakterisirt wären. Im Gegentheil liegen beide auf der Nordseite der Alpen in denselben Schichten zusammen. Nur die entfernt gelegenen Kalke von Chorzow zeigen eine Uebereinstimmung mit Recoaro, die wir in näheren Gebieten vergeblich suchen. Dabei lässt auch der übrige deutsche Muschelkalk sich leichter mit Oberschlesien und Recoaro in Uebereinstimmung bringen, als mit anderen alpinen Vorkommnissen, so dass das vicentinische, was man so gern als typisch für alpinen Muschelkalk überhaupt ansieht, mit seinen Unterabtheilungen gänzlich isolirt in seiner näheren Umgebung dasteht.

Da die zuletzt besprochenen Schichten von versteinerungsleeren Sandsteinen überlagert werden, welche über ihr Alter in keiner Weise eine

Deutung zulassen, so fehlt uns ein sicherer Abschluss des Muschelkalks nach oben in der Weise, wie er in Deutschland durch die Anhydritgruppe und den Kalksteinen von Friedrichshall gegeben ist. Wir mussten uns darauf beschränken, die grossen Analogien der Brachiopodenschichten von Recoaro mit deutschem oberen Wellenkalk hervorzuheben, müssen aber die Frage offen lassen, ob in diesen Brachiopodenschichten auch ein Aequivalent jüngerer deutscher Triasschichten zwischen Wellenkalk und Keuper gegeben sei.

Es ist nicht ohne Interesse noch in der Kürze darauf hinzuweisen, wie andere alpine Muschelkalk-Ablagerungen sich in dieser Beziehung an ihrer oberen Grenze verhalten und ich bespreche einige derselben um so lieber, als ich dabei Gelegenheit finden werde, in einer früheren Arbeit gemachte Angaben zu berichtigen und zu modificiren. Doch wähle ich nur solche Vorkommnisse, die ich aus eigener Anschauung kenne.

Lombardei.

In der Lombardei und dem angrenzenden Südtirol (Judicarien) kommen zweierlei Ablagerungen von Muschelkalk vor, solche die wie Recoaro reich an Brachiopoden sind und andere, wo Cephalopoden auftreten. Mit dem Vorwalten der letzteren ist dann ein Zurücktreten oder gänzliches Fehlen der Brachiopoden verbunden. Stur machte es schon früher wahrscheinlich und Hauer wies ausführlicher nach, dass diese Cephalopoden einer besonderen weit jüngeren Fauna als jener oben besprochenen des *Ceratites Cassianus* etc. angehören, und dass deren Auftreten als ein ganz vorzüglicher Anhaltspunkt für die Altersbestimmung gewisser Schichten gelten kann, deren Vorkommen weit über die Grenzen Europa's hinaus nachgewiesen ist.

Während es keinem Zweifel unterliegt, dass der Horizont des *Ceratites Cassianus* der Aeltere der beiden ist, während ferner festgestellt werden konnte, dass die Brachiopoden diesen älteren Horizont stets überlagern, hat es noch nicht gelingen wollen, das Altersverhältniss der Brachiopoden zu den jüngeren Cephalopoden festzustellen. Das Vorkommen beider ist zwar im Lauf der letzten Jahre häufig beobachtet worden, jedoch immer nur die eine Entwicklung an einem, die andere an einem andern Punkte, nie aber die sichere Ueberlagerung beider in einem Profile. Gestützt auf die Verschiedenheit der beiderseitigen Entwicklungsarten, unterschied Stur zwei Horizonte, einen höheren als Reiflinger-Kalke bezeichneten mit Cephalopoden einer *Rhynchonella semiplecta* und einer Anzahl anderer Brachiopoden, doch ohne *Rhynchonella decurtata*, und einen tieferen, den von Recoaro ohne Cephalopoden und mit *Rhynch. decurtata* (Jahrb. der geol. Reichsanst. 1865 Verh. pag. 244). Schon Hauer macht darauf aufmerksam, dass bisher noch kein Punkt gefunden worden sei, an dem man zwei solche Horizonte einander überlagernd gesehen hätte, dass also Stur's Ansicht, wenn auch wegen der Verschiedenheit der Fossilien nicht ohne Anhaltspunkte, doch noch nicht bewiesen sei. Was den Ausdruck Horizont von Recoaro betrifft, so ergiebt sich aus dem früher mitgetheilten, dass derselbe nicht ganz passend gewählt ist, da bei Recoaro eine ganze Reihe von Horizonten im Muschelkalk entwickelt sind. Es ist richtig, dass Cephalopoden fehlen und *Rhynch. decurtata* häufig ist, allein mit Letzterer finden sich sehr gewöhnlich und in denselben Bänken *Terebratula angusta*, *Terebr. vulgaris* und *Spirifer Mentzeli*, die bei Stur als bezeichnend für Reiflinger Kalk angegeben werden.

Mehrfach erwähnt ist die Lokalität von Marcheno in Val Cammonica. Hier sammelte ich aus blaugrauen Kalken unmittelbar an der Strasse im Thal nördlich vom Ort *Rhynch. decurtata*, *Spirifer fragilis*, *Tereb. vulgaris*, *Lima striata*, *Entrochus* cf. *liliiformis*, dazu giebt *Escher* (Vorarlberg pag. 108) noch einige andere Arten. Das wäre nun wegen Rhynch. decurtata Stur's unterer Horizont. Gleich über demselben folgt, wie das auch Hauer von derselben Gegend neuerdings hervorhob, Wenger Schiefer mit *Halobia Lommeli*, nicht aber ein besonderer Cephalopoden-Horizont[1]).

Andere Lokalitäten sind durch das Vorkommen von Cephalopoden bekannt geworden. Ich beschrieb selbst zwei Arten unter den Namen *Ammonites gibbus* und *Ceratites euryomphalus* und bezeichnete als deren Lagerstätte die Halobiaschichten der Hallstädter Gruppe. Das ist zu modifiziren. *Amm. gibbus* stammt von Colerè in Val di Scalve, einem Seitenthal der Val Cammonica und liegt in schwarzen, plattigen Kalken, die zum Theil ganz mit einer *Halobia* erfüllt sind, die ich trotz ihres etwas abweichenden Charakters mit *Halobia Lommeli* vereinigte, weil diese selbst mit globosen Ammoniten und *Amm. Aon* unmittelbar dabei in ächten Wenger-Schichten liegt und die Muschelkalk-Cephalopoden als eine besondere, von der der Hallstädter Cephalopoden abweichende Fauna, nicht hinreichend beachtet

---

[1]) Doch nennt Escher am angeführten Orte noch eine Reihe Kalkbänke mit einem dem Cer. binodosus Hau. ähnlichen Ammoniten. Das ist die einzige mir bekannt gewordene Angabe einer Ueberlagerung.

wurden. Später gelang es mir, aus den nach Hause gebrachten Gesteinstücken noch *Ceratites binodosus* Hau., *Ammonites* cf. *Pemphix* Mer. und *Amm. Dontianus* herauszuarbeiten. Da ich inzwischen auch die Uebereinstimmung meines *Amm. gibbus* mit *Amm. Studeri* Hau. erkannt hatte, konnte kein Zweifel sein, dass bei Colorè der obere Cephalopoden-Horizont des alpinen Muschelkalks anstehe und unmittelbar von Wenger-Schichten bedeckt sei, so dass eine Vermengung der den beiden Horizonten eigenthümlichen Fossilien beim Aufsammeln möglich war. Aehnliches scheint ja bis in die neueste Zeit an der oberen Grenze des Muschelkalks im Himalaya geschehen zu sein. Die *Halobia* stellt eine neue Art dar, die ich unter dem Namen *Halobia Sturi* einführe, da Stur es war, der in dem Züricher Museum diese Form als dem Muschelkalk angehörig zuerst erkannte.

Halobia Sturi n. sp. Taf. IV Fig. 9—11.

Das auffallendste Merkmal der Art ist die ausserordentliche Länge des ganz geraden Schlossrandes, die bei dem Exemplar, Taf. IV Fig. 10, dessen Unterrand beinahe ganz erhalten ist, die Höhe um mehr als das Dreifache übertrifft. Bei ganz jungen Exemplaren, Taf. IV Fig. 9b. in natürlicher Grösse, Taf. IV Fig. 9b. in dreifacher Vergrösserung, stehen regelmässig konzentrische Falten um den kleinen, knopfartigen Wirbel, die beim Voranschreiten des Wachsthums gegen den Rand hin verschwinden. Rechts und links vom Wirbel sondern sich zwei nur sehr schwach gestreifte Flügel ab, während die übrige Schale, ähnlich wie *Hal. Lommeli*, mit Rippenbündeln bedeckt ist, die sich durch Einschaltung vermehren. Die Unterschiede gegen die nahestehende *H. Lommeli* liegen in der grossen Länge des Schlossrandes und der dadurch bedingten recktangulären nicht halbkreisförmigen Gestalt der ganzen Schale, in der einfach feingestreiften, nicht bündelförmig gerippten Beschaffenheit der Flügel. *Hal. Moussoni*, von der mir durch die Güte Herrn Escher's v. d. Linth Gutta-Percha-Abdrücke der Exemplare von Regoledo vorliegen, hat gleiche, nicht bündelförmig gruppirte Rippen, dabei den halbkreisförmigen Umriss der *H. Lommeli*. Es scheint aber, dass diese Art bei Regoledo ganz im gleichen Niveau wie die *Hal. Sturi* bei Colorè vorkommt. Da die Schalen in Masse übereinander liegen, sind bei der dünnen Beschaffenheit derselben keine ganzen Exemplare zu erhalten.

Diese Schichten sind nun ganz genau das, was Stur unter Reitlinger Kalken in neuerer Zeit versteht. Es fehlt aber hier jede Spur von Brachiopoden. Diese eigenthümlich plattigen Kalke haben durch die ganze Lombardei bis zum Comer-See hin eine weite Verbreitung und finden sich also sowohl östlich als auch westlich von dem Brachiopodenvorkommen von Marcheno. Mag sich deren Altersverhältniss zu anderen Muschelkalkvorkommnissen späterhin gestalten, wie es wolle, sie werden immer eine im westlichen Theil der Südalpen sehr wohl erkennbare Facies darstellen, deren Verhältniss zu den durch *Halobia Moussoni* bezeichneten Saurier-Kalken von Perledo noch zu untersuchen bleibt.

Bei Prezzo in Judicarien liegen die Verhältnisse ähnlich wie bei Colerè. Wir haben hier die gleichen Wenger Schiefer, der Muschelkalk darunter ist aber nicht durch Cephalopoden und die *Halobia*, sondern durch eine Reihe von Schichten mit *Spirifer Mentzelii*,[1]) *Tereb. vulgaris, Entrochus* cf. *liliiformis* vertreten. *Ceratites euryomphalus* stammt aus einem Blocke, der in dem aus dem Daonethale kommenden Bache unterhalb, sowohl der Wenger Schichten, als des Muschelkalks gefunden wurde, und der von mir früher nur aus denselben Gründen wie *Amm. gibbus* als den Hallstädter Schichten angehörend angeführt wurde. Es ist nun zwar nach der Beschaffenheit des Gesteines sehr wahrscheinlich, dass dasselbe mit *Spirifer Mentzelii* in denselben Schichten liegt, doch kann ich es nicht mit voller Gewissheit angeben. Es ist also besser, diesen Ceratiten, bis er auf ursprünglicher Lagerstätte aufgefunden wird, bei Vergleichen bei Seite zu lassen. Wegen des Vorkommens des *Spirifer Mentzelii* würde Stur wohl diese Schichten in seinen oberen Horizont stellen. Es kommen hier auch Pflanzen vor und zwar wie bei Recoaro mit den thierischen Resten zusammen, oder in abwechselnder Lagerung mit solchen. Die in Würzburger naturw. Zeitschr. Bd. VI pag. 152 gemachte Angabe, es lägen die von mir mitgebrachten Pflanzen mit Ceratiten, *Amm. Studeri, Halobia* sp. und *Spirifer Mentzelii* zusammen, ist dahin zu modificiren, dass bei Daone (gegenüber Prezzo) sich nur wenige Pflanzen finden, unter denen Prof. Schenk nur ein Exemplar als *Araucarites recubariensis* bestimmen konnte. Die Hauptmasse der von mir mitgebrachten und in diesem Hefte von Prof. Schenk beschriebenen Pflanzen stammt von Recoaro und wie oben angegeben, theils direkt aus den Brachiopodenschichten mit *Rhynchonella decurtata*, theils aus Schichten über denselben, doch noch mit einzelnen Brachiopoden zusammen, also Stur's unterem Horizont. Daone aber, wie oben erwähnt, würde Stur's oberer Horizont sein. Ich möchte also nur der etwa zu machenden Folgerung vorbeugen, als könne man im Vorkommen der Pflanzen von Prezzo eine Stütze für die Sonderung des oberen alpinen Muschelkalks in die zwei Stur'schen Horizonte finden. Im Gegentheil, sollten letztere beide noch in Ueberlagerung

---

[1]) Beinahe jedes Exemplar zeigt beim Anschleifen die Spiralen des Gerüstes.

nachgewiesen werden, so würde man zu der Annahme genöthigt sein, dass, während die Fauna des Meeres sich wesentlich veränderte, die Flora des Landes sich gleichblieb und sowohl zur Zeit der Brachiopoden als der auf dieselben folgenden Cephalopoden die Zweige und Blätter derselben Araucarites-Art in das Meer geriethen und im Schlamme desselben mit den Schalen der Mollusken zur Ablagerung gelangten. Dass sich übrigens eine solche Annahme bei Recoaro nicht umgehen lässt, habe ich oben hervorgehoben.

Vorarlberg.

Die bei Recoaro beobachtete Thatsache, dass *Encrinus gracilis* und die Brachiopoden sich nie miteinander finden, sondern stets in zwei getrennten Lagern, stand in so auffallendem Gegensatz mit allen Angaben aus den Nord-Alpen, wo beide von verschiedenen Beobachtern mehrfach zusammen angeführt werden, dass es mir der Mühe werth schien, ein nordalpines Vorkommen genauer zu untersuchen, um zur Klarheit darüber zu kommen, ob man etwa die genannten Fossilien nur nicht getrennt hatte, weil dazu keine besondere Veranlassung vorlag, oder ob beide in der That in denselben Bänken liegen. Ich wählte Vorarlberg, weil hier die typischen Lokalitäten in der Umgebung der Scesa plana Gelegenheit gaben von den Schichten auszugehen, die Richthofen zuerst Virgloria-Kalk nannte. Denn wenn auch in der Beschreibung der Umgegend von Predazzo u. s. w. diese Bezeichnung zuerst vorkommt, so wurde sie doch nicht auf der Südseite der Alpen gewonnen, sondern nach vorhergegangener Untersuchung nordalpiner Gebilde dahin übertragen. Ich glaubte mich auch zu der Hoffnung berechtigt, in Vorarlberg günstige Aufschlüsse an der Grenze von Muschelkalk und Keuper zu treffen, da seit Escher's Arbeit das Vorkommen von *Halobia Lommeli* und *Bactryllien* von dort so häufig in sogenannten Partnachschichten zitirt wird. Bei einem Besuche derjenigen Punkte in Vorarlberg, an denen Muschelkalkfossilien angeführt werden, und einem Verfolgen der betreffenden Schichten überhaupt von der Schweizer Grenze gegen Osten durch ganz Vorarlberg hindurch, musste ich mich aber überzeugen, dass Escher und Richthofen das Hauptsächlichste, was zu sehen ist, angegeben haben und dass eine Bereicherung unserer Kenntnisse der betreffenden Formation in den genannten Gebieten kaum zu erwarten ist. Das nur konnte ich mit Gewissheit feststellen, dass die Association der dem *Encrinus gracilis* gleichgestalteten Stielglieder mit den Brachiopoden in der That stattfindet.

Ich beschränke mich daher in Folgendem auf wenige Angaben.

Mit dem Namen **Virgloriatobl** bezeichnet man eine Schlucht, die zwischen dem **Fundelskopf** und dem oberen **Sack** nach dem **Gamperton-Thale**, dem zweiten südlichen Seitenthal des Illthales, von **Feldkirch** aus gerechnet, hinabführt. Diese Schlucht nimmt ihren Anfang an einer Einsattlung zwischen den oben genannten Bergen, welche den niedrigsten Uebergang zwischen dem oberen **Brandner-Thal** und dem **Gamperton-Thale** bildet und die zu denselben gehörigen Alpen trennt. Alpe Palüd heisst die zum Brandner-Thal gehörige, Gamperton-Alpe die nach dem Gamperton-Thale hin liegende, und zwar zerfällt letztere in eine obere und untere, jene wenig tiefer als der Pass liegend, diese den Thalgrund einnehmend. Die Einsattlung kann man als **Virgloriapass** bezeichnen, doch hörte ich diesen Namen nie von den Sennen, diese kennen nur einen **Virgloriatobl**.

Wenige Schritte von der Passhöhe nach Gamperton zu schneidet der Pfad in eine mauerartig hervorragende Schicht ein, und gerade diese enthält die häufig genannten Fossilien. Crinoiden-Stielglieder erfüllen einige kleine Bänke vollständig, dazwischen liegen einzelne Brachiopoden, so dass es ganz unzweifelhaft ist, dass die Thiere zusammenlebten. Ich sammelte:

Entrochus cf. Encrinus gracilis.

Man hat diese Reste aus den Nordalpen gewöhnlich schlechthin als *Encrinus gracilis* aufgeführt, und ausser dem Umstand, dass die Vorarlberger Stielglieder grösser werden, als diejenigen von Recoaro, lässt sich auch kein Unterschied herausfinden. Kronen sind aber noch nicht bekannt geworden, und so ziehe ich vor, die Glieder, wie oben geschehen, zu bezeichnen. So gut wie bei den Gliedern vom Typus des *Encr. liliiformis* kann es sein, dass auch hier mit der Zeit eine neue Art sich herausstellt. Eine Wurzel vom Virgloriapass gleicht denen von Recoaro gänzlich.

Entrochus cf. Encrinus pentactinus.

Glieder von der gewöhnlichen Erscheinungsweise der im deutschen Muschelkalke so benannten. Dass es etwa fünfeckige Glieder der vorigen Art dicht unter dem Kelch seien, ist nicht anzunehmen, da sie stets bedeutend grössere Durchmesser haben. Doch fehlen auch sonst runde Glieder, die zu dieser fünfeckigen gehören könnten.

Retzia trigonella Schloth. sp.

Rhynchonella decurtata Gir. sp.

Besonders gross und kräftig gebaut.

Diese Crinoidenschichten senken sich einerseits nach der Gamperton-Seite hinunter, wo sie am Abhang unter dem Pfad nach der oberen Gamperton-Alphütte anstehen und dann jenseits derselben noch mehrfach, andererseits nach der Alpe Palüd, wo gegenüber der oberen Hütte der Muschelkalk eine steile Wand bildet, an die sich oben in sanfterem Ansteigen die Partnachschichten mit ihren eingelagerten festen Mergelbänken anlegen.

Man sieht hier, dass die letzte harte Bank der Wand aus rauchgrauem Kalk mit unebener wulstiger Schichtungsfläche besteht. Darunter liegen etwa 60' Kalke, zum Theil von jener eigenthümlichen Beschaffenheit, die Richthofen für seinen Virglorialkalk angiebt, zum Theil und zwar vorwaltend so entwickelt, wie die oberste Bank. Dann folgen 50' typischer Virgloriakalk mit massenhaften Feuersteinausscheidungen und zackiger Ablösungsfläche der Schichten, mit einem dazwischen liegenden firnissglänzenden Häutchen. Dann folgen die Brachiopoden, darunter noch eine beträchtliche Reihe von Kalkbänken. Gerölle und Alpenweiden bedecken nach unten die Grenze dieser Ablagerung. Ueber Brand sieht man aber die Conglomerate und rothen Sandsteine anstehen. Erstere sind in bedeutender Mächtigkeit entwickelt und von sehr verschiedener Grösse des Korns, die Sandsteine theils dünnschiefrig und reich an Glimmer, theils aus in einander geschlungenen Wülsten gebildet, von jener eigenthümlichen Beschaffenheit, die südalpiner Servino z. B. in Val Camonica so schön zeigt.

Ausser in den Umgebungen der Scesa plana habe ich die Brachiopoden und Crinoiden nirgends in Vorarlberg mehr deutlich entwickelt gefunden und sie sind so in Masse wohl auch nur hier vorhanden, da sie sonst bei den vielen Aufschlüssen der Beobachtung kaum entgehen würden. Das Gestein, in dem sie sich finden, weicht etwas von dem gewöhnlichen Kalke ab; es ist dolomitisch und rauh, und eben solche Gesteinsbeschaffenheit bemerkt man auch anderwärts etwa im Niveau der Fossilienschicht, z. B. über St. Bartholomä im Montafon, und über Klösterle. Dann aber ist in demselben nur hier und da eine Kalkspaltfläche zu bemerken, die einem Stielglied angehören könnte.

Streng genommen liegen also die Fossilien, die Richthofen für seinen Virgloriakalk als bezeichnend ansieht, gar nicht in solchen Gesteinen, die er petrographisch als Virgloriakalk auszeichnet, sondern diese, mit den zackigen Ablösungsflächen, dem glänzenden Ueberzug, den Feuersteinknollen u. s. w., folgen erst über dem Brachiopoden-Horizont, während unter demselben und dann auch oben, zum Schluss des ganzen Systems, Gesteine vorherrschen, die sich in nichts von deutschem Muschelkalk unterscheiden. Hält man sich nur an die paläontologische Charakteristik des Virgloriakalks, so müsste man eigentlich mit Stur die Knollen- und Zackenkalke als Reiflinger Kalk bezeichnen. Da aber bunter Sandstein nach unten unzweifelhaft die ganzen Kalke unterteuft, nach oben Partnachmergel folgen, die man bisher immer als Keuper ansah und sichere Anhaltspunkte für eine weitere Unterabtheilung der Kalke fehlen, so scheint mir durchaus kein Grund vorzuliegen, hier eine andere Bezeichnung als Muschelkalk einzuführen, womit ein allgemein verständlicher Name angewandt wird und weiterer Gliederung der Weg ja nicht versperrt ist. Unter allen Umständen sollte man aber den Namen Virgloriakalk, wenn man ihn denn doch behalten will, auf Vorarlberg beschränken und nicht auf andere alpine Gebiete übertragen.

Ein interessanter Punkt ist bei dem Kloster St. Peter, eine Viertelstunde von Bludenz, gegenüber der Einmündung des Montafon in's Klosterthal. An dem Abhang des Rückens, welcher das Dorf Rungelin vom letztgenannten Thale trennt, liegen gegen dieses gewandt, unmittelbar an der Hauptstrasse einige Steinbrüche. Richthofen gibt daselbst Arlbergkalk an, doch kann ich in dem Gestein nichts anderes erkennen, als Muschelkalk, ganz von gleicher Beschaffenheit, wie an der Alpe Palüd und anderen Lokalitäten. Die Lagerung wird dann freilich etwas schwieriger zu erklären, doch nicht in höherem Grade als in der Fortsetzung dieser Schichten bei Bürs, am Ausgang des Alvierbaches, wo Richthofen eine vollständige Zusammenklappung des Muschelkalkes annimmt. In dem ersten Steinbruch von St. Peter aus beobachtete ich von unten nach oben in beinah senkrechter Schichtenstellung:

Bänke harten Kalkes, nach unten noch fortsetzend, doch mit Geröll überschüttet.

30′ dünne ebenflächige Schiefer.

4′ 3″ harter Kalk.

4′ dünne Schiefer mit einem härteren Bänkchen, letzteres erfüllt mit *Modiola* sp. Taf. IV Fig. 13.

9′ harter Kalk.

3″ Mergel.

6′ harter Kalk, typischer Virgloriakalk.

2′ Schiefer, sehr ebenflächig und in dünnen Platten von harter, dachschieferähnlicher Beschaffenheit, ganz erfüllt mit *Bactryllium canaliculatum*, einzeln *Lingula tenuissima* und *Gervillia* sp. ind.

Auf etwa 50′ hin machen Wald und Wiese die Beobachtung unmöglich, nur hier und da ragen einzelne Kuppen schiefrigen Mergelgesteins heraus, in denen eine *Avicula* und ein *Pecten*, beide unbestimmbar, gefunden wurden. Es sind dies sogenannte Partnachmergel.

In den harten Kalken, doch ohne dass die Bank bestimmt werden konnte, fand sich ein *Dentalium*.

Die *Modiola*, die auf Taf. IV Fig. 13 in doppelter Grösse abgebildet wurde, stimmt mit keiner Muschelkalk-Art überein, erinnert aber sehr an Kassianer Vorkommnisse, wie *Modiola gracilis* Klipst. (Laube, Fauna von St. Cassian, Taf. 16 Fig. 7), ohne ganz mit derselben zu stimmen. Nies hat *Mod. gracilis* neuerdings aus dem Grenzdolomit der Lettenkohle bestimmt. (Nies, Beiträge zur Kenntniss des Keupers im Steigerwald, p. 17.)

Man hat es hier mit dem oberen Theil des Muschelkalks, wo derselbe in die Mergel übergeht, zu thun. Die Bactryllien gelten als bezeichnend für Partnachschichten, also nach der gewöhnlichen Annahme alpine Lettenkohle. Noch unter denselben liegt die *Modiola*, die eher einen Cassianer Habitus hat. Wollte man diese mit in den Keuper ziehen, so käme hier ganz typischer Virgloriakalk ebenfalls noch in den Keuper. Eine scharfe petrographische Grenze, ein plötzlicher Wechsel der Facies, liegt also überhaupt nicht vor, wie denn schon Richthofen Kalkbänke in Partnachmergeln angiebt, und das ganze Verhältniss erinnert sehr an Uebergänge aus dem Muschelkalk in die Lettenkohle in Deutschland.

Auf die schönen Profile am Nordgehänge des Klosterthals nach dem Spullers-See und dem Formarin-See hinauf haben Escher, Gümbel und Richthofen wiederholt die Aufmerksamkeit gelenkt und in der That, lehrreichere Wanderungen, als die von Klösterle durch den Wellitobl nach dem Spullers-See oder vom Ganteck den Gantecktobl hinauf, wo man vom bunten Sandstein bis in den rothen Lias mit Ammoniten hinaufsteigt, können nicht leicht in den Alpen unternommen werden. Ganz besonders die rechte Thalseite des Gantecktobl's von dem linken Abhang aus gesehen, da wo man von Dalaas kommend in den Tobl eintritt, zeigt die Lagerung des bunten Sandsteins, Muschelkalks, der Partnachschichten und des Arlbergkalks in prachtvoller Weise.

Ueber dem bunten Sandstein bildet Muscholkalk einen steilen Absturz, in gleicher Weise, wie an andern Punkten entwickelt, übrigens für eine genaue Untersuchung nicht in allen Theilen zugänglich. An der oberen Grenze schieben sich, doch hier sehr schwach, Schiefer zwischen die Kalkbänke, dann erheben sich, sanfter ansteigend, Partnachschichten in folgender Entwicklung (von unten nach oben):

40' Schiefer, zum Theil dachschieferartig mit sehr zahlreichen *Bactryllien*.

Harte Bank aus Knollen thonigen Sphärosiderits gebildet, die leberbraun verwittern und über das ganze Gehänge zerstreut liegen.

30' Schiefer wie vorher. Die *Bactryllien* seltner.

Harte Bank mit Sphärosideritknollen.
40′ Schiefer mit sehr spärlichen *Bactryllien*.
15′ unebene plattige Kalke von hellerer Farbe als der Muschelkalk.
40′ Schiefer ohne *Bactryllien*.
40′ Kalke, wie vorher.

Hierauf ein Wechsel fussdicker Bänke von Schiefer und Kalk, bis schliesslich Kalke allein herrschen, die den steilen Absturz der Hauptmasse der Arlbergkalke bilden.

Hier, wie im Gebirge über Triesner Kulm habe ich umsonst nach *Halobia Lommeli* gesucht. Das Exemplar des Züricher Museums fand sich nach einer gütigen Mittheilung Professor Escher's von der Linth in einem in einer Mauer steckenden Kalkblock, dessen petrographische Beschaffenheit darauf deutet, dass er aus den Bänken stammt, die sich oben am Uebergang nach dem Samina-Thal zwischen die Partnachmergel schieben. Hier im Gantecktobl würde man die *Halobia* in den 15 resp. 40′ mächtigen helleren Kalken zu suchen haben.

Diese Profile, die ich nicht noch vermehren will, beweisen also nur, dass die Gesammtmasse des Muschelkalks und der denselben überlagernden Schiefer sich wohl trennen lassen, eine scharfe Grenze zwischen Beiden aber nicht angegeben werden kann, dass der Uebergang einer Facies in die andre ein sehr allmähliger war, dass die Brachiopoden und Crinoidenfauna auf eine ziemlich tief liegende Bank der Kalke beschränkt ist, andere Formen aber, wie die *Bactryllien*, durch eine grössere Reihe von Schichten hindurchgreifen.

Unter allen zwischen alpinen und ausseralpinen Triasbildungen gezogenen Parallelen hat keine eine gleiche Anerkennung gefunden, als die von Oppel und Suess zuerst ausgesprochene Gleichstellung der Kössener Schichten und der obersten Keuperschichten Schwabens. Mit Recht bezeichnet man denn auch das Jahr 1856 als ein epochemachendes in der Geschichte der Alpen-Geologie. Seitdem sind mancherlei weitere Versuche gemacht worden, auch die tiefer liegenden Schichten in Uebereinstimmung zu setzen, ohne dass man jedoch viel weiter gekommen wäre, als die drei ausseralpinen Glieder der Trias im Grossen und Ganzen wiederzuerkennen. Auch dies gilt eigentlich nur von dem bunten Sandstein und dem Muschelkalk, denn der alpine Keuper trägt in sich selbst nur wenig Kennzeichen, welche an ausseralpine Bildungen gleichen Namens erinnern. Erst in der neuesten Zeit scheinen durch die Entdeckung der *Myophoria Raibliana* und der *Corbula Rosthorni* durch Sandberger in Franken und durch den Nachweis der deutschen Lettenkohlenflora in dem sogenannten Lunzer Sandstein der Nordalpen, Mittel an die Hand gegeben zu sein, auch Unterabtheilungen des Keupers der beiderseitigen Gebiete schärfer mit einander in Vergleich zu ziehen.

Wie die Kössener Schichten das Ende, so bezeichnen die oben als Röth-Dolomit beschriebenen Schichten den Anfang der triadischen Fauna in den Alpen. Es kommen zwar tiefer noch bedeutende Sandstein- und Conglomeratmassen vor, die man meist zur Trias rechnet, ein sicherer Beweis des Vorhandenseins derselben liegt jedoch erst an der oberen Grenze des bunten Sandsteins in den Röth-Dolomitschichten und darum ist deren ausserordentliche Verbreitung ein sehr glücklicher Umstand. Die untere Wellenkalkfauna von Recoaro ist zwar, wie oben erwähnt wurde, isolirt, ihr Auftreten aber insoferne interessant, als bereits vor ihrem Beginn die Röth-Dolomit-Fauna ihre vollständige Entwicklung erreichte und somit ganz gleichzeitig mit der ausseralpinen des oberen bunten Sandsteins ist. Welche Annahme man zur Erklärung des Umstandes machen will, dass bei Recoaro *Encrinus gracilis* von den Brachiopoden so scharf im Lager getrennt ist, in den Nordalpen aber mit denselben zusammenliegt, muss der individuellen Willkür für jetzt überlassen bleiben. Es ist aber sehr bemerkenswerth, dass da, wo ein gänzlicher Wechsel der Gesteinsfacies eintritt, wie bei Recoaro, auch beinah die gesammte Fauna wechselt, während in den Nordalpen, wo der ganze Muschelkalk aus Kalkschichten besteht, die im Süden getrennten Arten zusammen auftreten.

Solchen Verschiedenheiten der Ausbildung gegenüber ist es nicht gerathen, von einer einzigen bestimmten alpinen Entwicklung zu sprechen, denn es gibt ebenso wenig einen ganz gleichartig entwickelten alpinen Muschelkalk, als es einen solchen ausserhalb der Alpen gibt und ebenso grosse Verschiedenheiten, wie zwischen manchen alpinen und ausseralpinen Gebieten, machen sich auch innerhalb dieser Gebiete selbst bemerklich. Der Abstand des Vorarlberger Muschelkalks und des Aargauer ist gross. Der Aargauer ist aber auch sehr verschieden von dem der Jurakette. Dort hat man nach Moesch[1]) 20—30 m. Wellendolomit mit Fossilien, hier keine Spur desselben. Im Aargau finden sich im Wellendolomit bereits Brachiopoden und zwar mit einer Reihe anderer Fossilien zusammen, die auch in Schwaben im Wellendolomit auftreten, in Nordbaden und Franken ist dagegen Wellendolomit schwach entwickelt ohne Brachiopoden, dafür erfüllen diese bestimmte, höher liegende Bänke für sich, ebenso wie manche der andern Versteinerungen in einzelnen Bänken zu charakteristischen Associationen zusammentreten.

[1]) Moesch, Beitr. zur geol. Karte d. Schweiz. 4. Lief. pag. 14, 15.

Das erste Auffinden ächter Muschelkalkpetrefakten auf der Nordseite der Alpen erschien so wichtig, dass Beyrich dasselbe als gleich Epoche machend mit der Parallele zwischen Kössener Schichten und Bonebedsandstein hervorhebt. Diese Wichtigkeit ist noch erhöht, seit wir die Brachiopoden auch am Main und Neckar kennen. Um aber die Gleichaltrigkeit der deutschen Brachiopoden mit denen der Alpen in dem Sinne aussprechen zu können, wie die der Fauna des Röthdolomits und der Kössener Schichten derselben Gegenden, fehlt es noch an einem dieselben überall in gleicher Weise überlagernden Horizont. Für einzelne Gebiete der Nordalpen wird vielleicht das Auffinden der Anhydritgruppe die gewünschte Abgrenzung geben, für die Südalpen hingegen ist kaum anzunehmen, dass man ein Aequivalent der Anhydritgruppe auffinden wird. Hier fällt die Frage der Abgrenzung der Brachiopodenschichten nach oben mit der Abgrenzung des Muschelkalks überhaupt zusammen.

Der obere Wellenkalk zeigt in Deutschland eine Differenzirung, die wir in den Alpen vergebens suchen. Auf die Brachiopodenregion folgt in vielen Gebieten wohl unterscheidbar der Schaumkalk, dann die Schichten der *Myophoria orbicularis*. Mit den letzteren schliesst man den Wellenkalk gewöhnlich ab. In neuester Zeit wies nun Sandberger noch über den Myophorienschichten und unter den Gypsen und Rauchwacken Mergelbänke nach, die einen Ceratiten führen, für den er den Namen Cer. Luganensis in Anwendung brachte[1]. Besonders auf diesen Fund hin, glaubte er schliessen

---

[1] *Ammonites Luganensis* nannte Beyrich (Cephalopoden aus dem Muschelkalk der Alpen, Abhandl. d. Akad. d. Wiss. z. Berlin 1866 pag. 112 Taf. 1 Fig. 3) einen Ammoniten aus dem Muschelkalk von Reutte, der sich daselbst häufiger als *Ammonites binodosus* finden soll. Dieser Art fehlt der Kiel, den die Hauer'sche Art zeigt, doch glaubt Beyrich einem solchen, wie er bei Hauer gezeichnet wurde, nur eine untergeordnete Bedeutung beilegen zu sollen. *Cerat. Luganensis*, ursprünglich von Merian benannt, stammt von Mt. Salvatore am Luganer-See, eine Lokalität, deren Lagerungsverhältnisse schwer zu entwirren sind. Es werden nämlich gegen Westen hin die Schichten der Lombardei bedeutend weniger mächtig, so dass sie mit den östlichern gelegenen nicht leicht identifizirt werden können, und ausserdem sind gerade in den Umgebungen des genannten See's mancherlei spätere Einflüsse thätig gewesen, die Regelmässigkeit des vertikalen Aufbaues der Schichten zu stören. Mit *Cerat. Luganensis* zusammen wurde von Hauer Gervillia salvata Brunner beschrieben, eine Art, die ich ganze Bänke füllend in obertriadischen Dolomiten der Val Trompia auffand. (Diese Beiträge Band I pag. 80. 160.) Es scheint also noch nicht einmal erwiesen, dass die Merian'sche Art aus dem Muschelkalk stammt. Wie ich durch eine gefällige Mittheilung aus Wien erfahre, lag *Ceratites Luganensis* in der That in einem hellen Dolomite, also nicht in schwarzen, plattigen Kalken, wie die von Perledo und Varenna am nahen Comer-See, welche den Muschelkalk dort repräsentiren dürften. In demselben hellen Dolomit war auch jene Gervillia salvata enthalten.

zu dürfen, dass wie bei Würzburg ein Cephalopodenhorizont über den Brachiopodenschichten läge, von diesen noch getrennt durch Schaumkalk und Myophoriamergel, so auch in den Alpen die Kalke mit *Ammonites Studeri, Ceral. binodosus* etc. über den Brachiopoden liegen müssten, wenn auch die direkte Auflagerung noch nicht nachgewiesen sei. Die Schichten mit *Myophoria orbicularis*, die über ganz Deutschland in so überaus gleichartiger Weise verbreitet sind, fehlen in den Alpen. Der Schaumkalk scheint schon in Schlesien nicht mehr so klar entwickelt zu sein, wie von Rüdersdorf bis an den Neckar, denn Eck scheidet ihn nicht aus, während ihn Sandberger im Mikultschützer Kalk wiedererkennen möchte. (Würzb. naturw. Zeitschr. Band 6 pag. 150.) Eben so wenig konnte er durch eine selbständige Fauna bisher in den Alpen nachgewiesen werden, denn auf *Encrinus Carnalli* allein hin möchte ich bei Recoaro nicht von Schaumkalk reden. Fehlen aber diese beiden Horizonte, so kommen die Cephalopodenschichten unmittelbar mit den Brachiopodenschichten in Berührung und es kann dann oben so gut sich herausstellen, dass sie als Facies neben einander liegen, als dass sie streng gesondert sich überlagern. Einige Brachiopoden kommen in den Alpen mit den Cephalopoden zusammen vor, das ist erwiesen, nur von *Rhynchonella decurtata* weiss man es noch nicht. Wenn es sich aber nicht um eine Fauna, sondern nur um eine Art handelt, besonders ein Brachiopod, so glaube ich, ist grosse Vorsicht geboten. Sollte die constante Ueberlagerung sich vielleicht mit der Zeit herausstellen, so würde ich das für einen erfreulichen Anhaltspunkt für eine weitere Gliederung ansehen, doch eben diesen Nachweis möchte ich abwarten.

Eigenthümlich ist im oberen Muschelkalk das Verhalten der Trochitenbänke. Diese fehlen in Oberschlesien, doch fand Eck den *Encr. liliiformis* im Wellenkalk, nachdem er Anfangs dessen Fehlen in dieser Formationsabtheilung angenommen hatte. Bei Recoaro haben wir Trochitenbänke von mehreren Fuss Mächtigkeit und es wurde oben darauf hingewiesen, dass ein Theil der dort vorkommenden Stengelglieder wohl auf *Encr. liliiformis* zurückzuführen sein dürfte. Da liegt denn die Vermuthung nahe, hier, wo keine Anhydritgruppe vorhanden ist, den Trochitenkalk mit dem Wellenkalk vereinigt aufzufassen, während er in Gegenden, die öfterem Wechsel der Verhältnisse ausgesetzt waren, sich später erst in seiner typischen Erscheinungsweise entwickelte. Beachtung verdient es, dass *Retzia trigonella* gewissermassen an die Crinoiden gebunden scheint. In Oberschlesien und den Alpen liegt sie mit den Brachiopoden und Crinoiden zusammen, wo aber im oberen Muschelkalk Trochitenbänke entwickelt sind, tritt sie in diesen auf, fehlt dagegen im Wellenkalk, so im Braunschweigischen,

Thüringen, Franken und bei Heidelberg (Wiesloch). Ueberhaupt scheint diese Art die grösste vertikale Verbreitung unter den sog. alpinen Brachiopoden zu besitzen, denn sie geht nach Richthofen in Vorarlberg, wenn auch als Seltenheit, noch in den Arlbergkalk hinauf.

Das Fehlen des *Ceratites nodosus* in den Alpen scheint unzweifelhaft, und in diesem Umstand liegt die Schwierigkeit, sich zu entscheiden, wo man Muschelkalk schliessen und Keuper anfangen lassen soll. In den Gegenden, wo der Lunzer Sandstein, ein Gebilde mit echten Lettenkohlenpflanzen, vorliegt, kann man sich an diesen halten und die zunächst darunter liegenden Schichten als innig verbunden mit dem Muschelkalk ansehen, wie ja schon längst Quenstedt Lettenkohle und Muschelkalk zusammenfasste. Diese Ansicht wurde neuerdings für die Alpen auf Grund des Auftretens der Ostracoden im Muschelkalk und in der Lettenkohle von Sandberger vertreten. Der Lunzer Sandstein ist, von Osten herkommend, südlich von Reutte noch bekannt, aber nicht mehr so typisch in Vorarlberg. Hier kommt man aus den Schichten mit Bactryllien allmählig in die Arlbergkalke, welche ohne paläontologische Merkmale sind. Es fehlt hier jeder auf organische Einschlüsse basirte Abschnitt bis gegen die Raibler Schichten, welche auch nur ganz im Osten des Vorarlberger Gebietes gut entwickelt sind. Aus diesen Horizonten über Richthofens Arlbergkalk stammen auch *Pterophyllum Jaegeri* und die berühmten Käfer (cf. Richthofen, Jahrb. Reichsanstalt X. p. 133). Sie würden nur dann als Lettenkohle anzeigend angesehen werden dürfen, wenn man den ganzen Arlbergkalk zur Lettenkohle nehmen wollte. Die Würzburger Käfer hingegen (Würzb. Naturw. Zeitschr. 1868, p. 203) liegen in der unteren Lettenkohle. Dass die Sandsteine, die Richthofen als Raibler bezeichnet, in der That hoch über den Partnachschichten liegen, sieht man sehr deutlich auf dem Wege von Stuben nach Zürs.

Auf der Südseite der Alpen müssen dann ebenfalls die sogenannten Wenger Schichten mit dem Muschelkalk als innig verbunden aufgefasst werden und die *Halobia Sturi* mit *Ammonites Studeri* zusammenliegend tritt nur als Vorläufer der mit Aonartigen Ammoniten vergesellschafteten *Halobia Lommeli* auf. Auch in den Ammoniten werden sich ohne Zweifel da, wo Cephalopodenfacies auf Cephalopodenfacies folgt, noch Verwandtschaften herausstellen. Man wird darauf verzichten müssen, alles umfassende Horizonte zu markiren, wird vielmehr für jedes einzelne Gebiet der lokalen Entwicklung der Facies Rechnung zu tragen haben. Wo Land in der Nähe war, entwickelt sich Lunzer Sandstein und bildet einen leicht fassbaren Abschluss, entfernter vom Ufer machte der Fortschritt der Zeit sich bei gleichartiger Gesteinsbildung nur im allmähligen Wechsel der das Meer bewohnenden Thiere bemerklich.

Aber auch die Wenger Schichten sind nach oben nicht scharf begrenzt. Richthofen weist darauf hin, dass sein Kalk von Cipit und die Cassianer Schichten selbst sich allmählig aus denselben entwickeln. Mit dem Uebergang der Gesteine geht der Uebergang der Faunen Hand in Hand und es wird noch eine interessante Aufgabe sein, die reichen organischen Einschlüsse der Gesammtheit der Cassianer Schichten nach ihren Horizonten zu sondern und das Verhältniss des Auftretens und Verschwindens der einzelnen Formen gegen diejenigen tiefer liegender Formationsabtheilungen genauer nachzuweisen.

UEBER DIE

PFLANZENRESTE DES MUSCHELKALKES

VON

RECOARO

VON

DR. SCHENK,
PROFESSOR DER BOTANIK AN DER UNIVERSITÄT ZU LEIPZIG.

MÜNCHEN, 1868.
R. OLDENBOURG.

Bei der auf den Wunsch meines verehrten Freundes, des Herrn Dr. Benecke, unternommenen Untersuchung der von ihm bei Recoaro gesammelten fossilen Pflanzen, hielt ich es für zweckmässig, mich nicht auf diese allein zu beschränken, sondern auch jene fossilen Pflanzen, welche von andern Forschern in der Trias von Recoaro gesammelt wurden, zu berücksichtigen und dabei auch auf alle bisher aus der Muschelkalkformation bekannt gewordenen Pflanzenreste Rücksicht zu nehmen.

Die erste Notiz über die in der Trias von Recoaro vorkommenden fossilen Pflanzen rührt von Catullo her, welcher in den Nuovi Annali di scienz. natur. di Bologna 1846. Tab. 4 Fig. 6 Coniferenreste als *Cystoscirites nutans* Sternberg? abbildet. Die nämlichen Pflanzenreste wurden später von Schauroth als den Coniferen angehörig erkannt; er erklärte sie in seiner Uebersicht der geognostischen Verhältnisse der Umgegend von Recoaro für *Voltzia heterophylla var. brevifolia* Brongn. und fügte dieser Art noch eine zweite, von ihm zuerst beschriebene Conifere hinzu: *Palissya Massalongi* (Sitzungsber. der Akad. zu Wien 1855. pag. 498. Tab. 1. Fig. 1). Durch Massalongo (Neues Jahrb. für Mineralogie etc. 1851. pag. 415) wurde zuerst eine grössere Anzahl fossiler Pflanzen aus der Trias von Recoaro erwähnt. Er führt aus dem bunten Sandsteine *Equisetum Brongniarti, Caulopteris spec., Haidingera Schaurothi* Massal., *Palissya Massalongi* von Schauroth, zwei Arten von *Taxites, Acthophyllum speciosum* Brongn., aus dem Muschelkalke *Voltzia heterophylla var. brevifolia* Brongn., *Araucarites spec.* und *Brachyphyllum spec.* an. Zigno gebührt das Verdienst auf Grund des von Massalongo gesammelten Materiales zuerst eine vollständigere und genauere Darstellung der fossilen Triasflora von Recoaro gegeben zu haben, welche 1862 in den Memoiren des k. k. Institutes zu Venedig erschien. Pirano's Mittheilung (Costituzione geologica di Recoaro. pag. 106) stützen sich hinsichtlich der Angaben des Vorkommens fossiler Pflanzen auf Zigno's Abhandlung. Endlich sei noch der von Schauroth in dem Verzeichnisse der Versteinerungen des herzoglichen Naturalienkabinets zu Coburg (1865. pag. 49. 52) erwähnten Pflanzenreste von Recoaro gedacht.

In der Trias von Recoaro finden sich zwei verschiedene Floren, deren eine dem bunten Sandsteine, die andere dem Muschelkalke angehört. Die Erstere besteht aus Equisetiten, Farnen, Coniferen und der Gattung *Aethophyllum*. Die Flora des bunten Sandsteines von Recoaro kann indess weder nach ihrem Erhaltungszustande, noch nach ihrer Artenzahl mit der Buntsandsteinflora des Elsasses verglichen werden. Die Flora des Muschelkalkes von Recoaro besteht, insoferne es sich um sicher zu bestimmende Pflanzenreste handelt, vorläufig nur aus Coniferen, welche von Dr. Benecke in reichlicher Anzahl gesammelt wurden. Sie boten für meine Untersuchungen das reichste Material, ausserdem konnte ich noch die in der Naturaliensammlung zu Coburg vorhandenen, von Dr. von Schauroth gesammelten Exemplare untersuchen.

Die Flora des bunten Sandsteines von Recoaro besteht nach Zigno aus *Equisetites Brongniarti* Unger?, *Caulopteris Maraschiniana* Massal., *C. Lacliana* Massal., *C. Festariana* Massal., *Aethophyllum Fötterlianum* Massal., *Haidingera Schaurothiana* Massal., *Taxites Massalongi* Zigno, *Taxites vicentinus* Massal. Massalongo führt ausserdem noch *Aethophyllum speciosum*, Schauroth *Equisetum Meriani* an. Diese letztere Art, der Gattung *Calamites* angehörig, ist bisher nur in der Lettenkohle beobachtet und auf diese beschränkt, wenigstens so weit meine eigenen Erfahrungen reichen. Die unter diesem Namen aus dem bunten Sandstein von Recoaro in der Naturaliensammlung zu Coburg befindlichen Exemplare gehören zu *Schizoneura*, welche wohl richtiger als eine *Calamites*-Art betrachtet wird. Die als *Aethophyllum speciosum* Brongn. von Schauroth bezeichneten Pflanzenreste haben allerdings mit den Stengeln und Blättern dieser Art Aehnlichkeit, sie können aber eben so gut anderen Ursprungs sein. Jedenfalls wird das Vorkommen dieser Art bei Recoaro durch sie nicht sichergestellt. Die ächte Art kenne ich nur aus dem bunten Sandsteine, in den Sammlungen findet man aber auch zuweilen Pflanzenreste aus der Lettenkohle als *Aethophyllum* bezeichnet, welche zwar Aehnlichkeit mit den Stengel- und Blattresten dieser Gattung haben, aber ganz anderen Ursprungs sind. Alle Angaben über das Vorkommen des *Aethophyllum speciosum* in der Lettenkohle müssen daher so lange in Zweifel gezogen werden, als nicht unwiderlegliche Beweise für dasselbe geliefert sind. Zu einem solchen Beweise genügen die bisher beobachteten Pflanzenreste nicht; sie können mit demselben Rechte für fiederlose Blattstiele von Cycadeen oder für blattlose Zweige von Coniferen angesehen werden. Weiter unten wird von ähnlichen Fragmenten aus dem Muschelkalke die Rede sein. Aehnliches gilt für die angeblich in der Lettenkohle vorkommenden Reste von *Schizoneura*.

Nach den Abbildungen Zigno's und den von Schauroth gesammelten Exemplaren scheint mir, wie dies Zigno ebenfalls bemerkt, das Vorkommen von *Equisetites Brongniarti* Unger noch zweifelhaft. Der Erhaltungszustand der Exemplare gestattet kein sicheres Urtheil über die Abstammung dieser Pflanzenreste. Es sind Stamm- oder Astfragmente zweifelhaften Ursprunges.

Die von Zigno als *Caulopteris*-Arten abgebildeten Stammreste beurkunden das Vorhandensein von Farnen, für welches andere Anhaltspunkte nicht gegeben sind. Indess dürfte eine wiederholte Untersuchung dieser Stammfragmente nicht überflüssig sein.

Unter den Coniferenresten gehören die als *Albertia* (*Haidingera*) *Schaurothiana* von Massalongo unterschiedenen blatttragenden Zweige ohne Zweifel dieser Gattung an; es ist jedoch die Frage, ob sie nicht mit *Albertia elliptica* zu vereinigen sind. Von Schauroth gesammelt, befindet sich in der Naturaliensammlung zu Coburg eine *Voltzia* aus dem bunten Sandsteine von Recoaro, welche ich nicht für verschieden von *Voltzia heterophylla* halte. Die beiden *Taxites*-Arten Massalongo's, deren eine von Schauroth mit der Gattung *Palissya* vereinigt wird, werden hinsichtlich ihrer Verwandtschaft so lange zweifelhaft bleiben, als nicht Zapfen beobachtet sind.

Aethophyllum Fötterlianum Massal. scheint nach den von Zigno veröffentlichten Abbildungen eine von den bisher bekannten Arten verschiedene Art zu sein, wobei allerdings noch zu untersuchen wäre, ob sie nicht zu den Entwicklungsstufen des *Aethophyllum stipulare* gehört.

Der Charakter der in dem bunten Sandsteine von Recoaro vorkommenden Flora entspricht im Allgemeinen jener des bunten Sandsteines des Elsasses, sie besitzt jedoch nach den bisherigen Untersuchungen nur eine mit ihr gemeinsame Art: *Voltzia heterophylla*. Die Zahl der Farne ist, selbst wenn die von Zigno unterschiedenen *Caulopteris*-Arten wirklich sämmtlich verschieden sind, im Vergleiche zu der Buntsandsteinflora des Elsasses eine sehr geringe. Die Gruppe der Coniferen enthält neben *Voltzia* und *Albertia* noch andere Formen, deren Auftreten den mit *Araucaria* und *Dammara* verwandten Formen noch eine weitere, in dem bunten Sandsteine bisher vermisste Coniferenform hinzufügt. Die nachfolgende Uebersicht der beiden Floren wird dies Verhältniss beider anschaulich darstellen.

Recoaro.	Sulzbad im Elsass.	Rheinpfalz.	Durlach.	Franken.
Equisetites Brongniarti Unger?	Calamites sp. (Schizoneura).	Equisetites Mougeoti Sandb.	Equisetites Mougeoti Sandb.	Equisetites Mougeoti Sandb.
Caulopteris? Maraschiniana Massa.	Equisetites Mougeoti Sandb.	Anomopteris Mougeoti Brong.	Caulopteris Voltzii Schimp. et Moug.	
Caulopteris? Laeliana Massal.	Equisetites Brongniarti Ung.	Voltzia heterophylla Brong.	Anomopteris Mougeoti Brong.	

Recoaro.	Sulzbad im Elsass.	Rheinpfalz.	Durlach.	Franken.
Caulopteris Festariana Massal. Aethophyllum Fötterlianum Massal. Araucarites pachyphyllus Zig. Voltzia heterophylla Brongn. Albertia (Haidingera) Schaurothiana Massal. Taxites Massalongi Zigno. Taxites vicentinus Zigno.	Neuropteris elegans Brongn. Neuropteris intermedia Brongn. Neuropteris grandifolia Schimp. et Moug. Neuropteris imbricata Schimp. et Moug. Crematopteris typica Schimp. et Moug. Alethopteris Sultziana Göpp. Anomopteris Mougeoti Brongn. Sphallopteris Mougeoti Corda. Chelepteris micropeltis Corda. Chelepteris Voltzii Corda. Chelepteris Lesangeana Corda. Cottaea Mougeoti Schimp. et Moug. Caulopteris tesselata Schimp. et Moug. Pterophyllum vogesiacum Bomem. Pterophyll. Ilogardi. Voltzia heterophylla Brongn. Voltzia acutifolia Brongn. Albertia latifolia Schimp. et Moug. Albertia elliptica Schimp. et Moug. Albertia Braunii Schimp. et Moug. Albertia speciosa Schimp. et Moug. Füchselia Schimperi Endl. Aethophyllum speciosum Brongn. Aethophyllum stipulare Brongn. Echinostachys oblonga Brongn. Echinostachys cylindria Brongn. Palaeoxyris regularis Brongn.			

Die Triasbildungen von Recoaro enthalten aber auch noch eine dem Muschelkalke angehörige Flora. Dieser Flora gehört der von Catullo a. a. O. erwähnte *Cystoseirites nutans* an, Massalongo führt a. a. O. *Voltzia heterophylla var. brevifolia* Brongn., eine *Araucarites*- und eine *Brachyphyllum*-Art an, Zigno beschreibt daraus *Taxodites Saxolympiae* Zigno, *Araucarites recubariensis* Massal. und *A. Massalongi* Zigno. Diesen Arten fügt Pirano (a. a. O. p. 113) noch *Echinostachys Massalongi* Zigno und *Araucarites pachyphyllus* hinzu. Da die von Catullo erwähnte *Cystoseirites*-Art nicht den Algen, sondern den Coniferen angehört, so sind aus der Muschelkalkformation Recoaro's nur Coniferen bekannt, da *Echinostachys Massalongi* ohne Zweifel ebenfalls eine Conifere ist.

Durch seine Armuth an Pflanzenresten steht der Muschelkalk in einem sehr ausgeprägten Gegensatze zu dem ihm vorausgehenden bunten Sandsteine und der auf ihn folgenden Lettenkohle, welche eine nicht unbedeutende Anzahl von Pflanzenarten enthalten, welche an Zahl die Thierarten übertreffen oder ihnen gleichstehen. In der Muschelkalkformation dagegen überwiegen die thierischen Reste in einer Weise, dass die Reste des Pflanzenreiches ihnen gegenüber kaum in Betracht kommen; die wenigen Pflanzen haben überdies eine sehr beschränkte Verbreitung und kommen zuweilen nur sehr vereinzelt vor. Sie sind aus diesem Grunde bis jetzt wenig bei den Bestimmungen der einzelnen Abtheilungen und Schichten der Muschelkalkformation berücksichtigt worden, obwohl zu erwarten ist, dass sie, wenn ihnen eine grössere Aufmerksamkeit geschenkt wird, nicht weniger bezeichnend sich erweisen werden, als die thierischen Reste, da sie in gleichem Grade wie diese, Schlüsse auf die Entstehung und Beschaffenheit der sie einschliessenden Schichten zu ziehen gestatten.

Die geringe Zahl der Landpflanzen lässt auf eine entsprechende, geringe Ausdehnung des festen Landes, welche der Entwicklung einer reicheren Vegetation eine unüberschreitbare Grenze zog, schliessen, oder auf Bedingungen, welche die Erhaltung der Pflanzenreste nicht begünstigten.

Aus den thierischen Resten geht hervor, dass der Muschelkalk vorzugsweise Meeresniederschlägen seine Entstehung verdankt. Die geringe Anzahl der bisher beobachteten Algen mag unter solchen Verhältnissen auffallend erscheinen. Indess, da das Vorkommen der höher entwickelten Algen von der Tiefe des Wassers, dem Vorhandensein von Ebbe und Fluth abhängig ist, so werden Algenreste aus diesen Gruppen nur da zu erwarten sein, wo diese Bedingungen vorhanden waren, da, wo die Schichten einer Strandbildung ihren Ursprung verdanken. Eine solche Bildung gestattete dann auch die wenigstens theilweise Erhaltung von Landpflanzen, während

Bildungen, welche einem tieferen Moore ihre Entstehung verdanken, keine oder nur vereinzelte Pflanzenreste einschliessen können. Wenn, wie dies in den Schichten von Recoaro der Fall ist, Trümmer von Coniferen und zwar der verschiedensten Theile derselben, Aststücke, Zweige, Blätter, Blüthen, Schuppen, Zapfen, Samen, zahlreich und mannichfach gemengt, vorkommen, während an anderen Orten, wie bei Jena, im Muschelkalke Frankens, nur einzelne Pflanzenreste sparsam gefunden werden, so wird dies Verhalten durch das eine und das andere der beiden erwähnten Momente erklärt werden können, jedenfalls aber wird das Vorkommen der Pflanzenreste von Recoaro auf die Nähe eines grösseren Festlandes schliessen lassen, dessen Vegetation indess eine sehr einförmige war.

Die Zahl der bisher aus der Muschelkalkformation bekannt gewordenen, von Brongniart, Catullo, Schleiden, Göppert, Schauroth und Zigno beschriebenen oder erwähnten Pflanzenarten beträgt höchstens zwölf, welche Zahl indess bei einer näheren Prüfung eine theilweise Reduktion erfahren dürfte. Einen Theil derselben habe ich nicht in Originalexemplaren untersuchen können. Die nachfolgende Uebersicht enthält eine Zusammenstellung der bisher beobachteten Arten mit ihren Fundorten.

Algae.

Sphaerococcites Blandowskianus Göppert. Tarnowitz in Schlesien.

Sphaerococcites distans Sandberger. Durlach.

Equisetaceae.

Equisetites Mougeoti Sandb. Durlach.

Filices.

Neuropteris Guillardoti Brongniart. Luneville.

Coniferae.

Taxodites Saxolympiae Zigno. Recoaro.

Pinites Göppertianus Schleiden. Wogau bei Jena.

Endolepis elegans Schleiden. Rauthal bei Jena.

Endolepis vulgaris Schleiden. Rauthal bei Jena.

Araucarites recubariensis Massalongo. Recoaro.

Araucarites Massalongi Zigno. Recoaro.

Monocotyledoneae.

Echinostachys Massalongi Zigno. Recoaro.

Dicotyledoneae.
Phyllites Ungerianus Schleiden. Wogau bei Jena.

Ausserdem werden von Schauroth in dem Verzeichnisse der Naturaliensammlung zu Coburg (p. 52) *Equisetum Meriani* Brongniart und *Voltzia heterophylla* Brongn. aus dem Muschelkalko von Recoaro angegeben. Die letztere wird auch neben einer *Brachyphyllum*-Art und *Aethophyllum speciosum* Brongn. von dem gleichen Fundorte durch Massalongo a. a. O. erwähnt.

Die unter der Bezeichnung *Equisetum Meriani* durch Schauroth aufgeführten Pflanzenreste gehören nicht der ächten Brongniart'schen Art an, sondern sind Stammstücke und blattlose Zweige einer bei Recoaro häufig vorkommenden Conifere, bei deren Besprechung ich das Weitere erwähnen werde. Auch Massalongo's *Aethophyllum speciosum* gehört ohne Zweifel hieher, die ächte Art ist mir nur aus dem bunten Sandstein bekannt. Zu der später zu besprechenden Conifere gehört auch Schauroth's *Voltzia heterophylla*. Diese drei Arten sind demnach aus der Reihe der in der Muschelkalkformation angegebenen Pflanzen gänzlich zu streichen.

Aus der Gruppe der Algen werden zwei *Sphaerococcites*-Arten erwähnt. Die eine, *Sph. Blandowskianus* Göppert (Uebers. der schles. Gesellsch. für 1845, pag. 149. Tab. 2. Fig. 10), kenne ich aus den Originalexemplaren, welche mir von Herrn Professor Dr. Göppert mitgetheilt wurden. Die Abbildung würde kaum ein sicheres Urtheil über die Abstammung der aufgestellten Art erlauben. Die Exemplare, welche ich untersuchte, halte ich überhaupt für keine Pflanzenreste, sondern es sind unregelmässig begrenzte helle Stellen auf dem Gesteine, welche durch das Verschwinden des Eisens erzeugt sind, während die übrige Fläche der Handstücke durch Eisen gelblich gefärbt ist. Die eisenfreien Stellen sind farblos und wechseln in ihrem Umriss. (Taf. V (1) Fig. 1.)

Eine zweite Art, *Sph. distans* Sandb., wird von Sandberger aus dem Wellendolomit bei Durlach in Baden angegeben (Sandberger, Zur Erläuterung der geolog. Karte der Umgebung von Carlsruhe. p. 4, 5). Nach den Mittheilungen Prof. Sandberger's kommen diese Reste sehr häufig vor und sind zuweilen einen Fuss lang. Begleitet werden sie von Erdpech, aus dessen Vorkommen jedenfalls auf das ehemalige Vorhandensein einer reichlichen Vegetation geschlossen werden darf. Der freundlichen Mittheilung Professor Sandberger's verdanke ich Exemplare dieser Art. Es sind dichotome Verzweigungen von 2 bis $2^1/_2$ Linien Durchmesser, welche jedoch keine Spur von Organisation erkennen lassen (Taf. V (1) Fig. 2). Ich kann sie vorläufig nur als zweifelhafte Reste ansehen, und es ist die Frage, ob sie überhaupt organischen Ursprungs sind.

Aus der gleichen Schichte des Wellenkalkes, dem Wellendolomit, stammend, befindet sich nach einer mündlichen Mittheilung Professor Sandberger's in der Sammlung des Polytechnikums zu Carlsruhe ein Exemplar des Steinkernes von *Equisetites Mougeoti* Sandberger. Demzufolge würde diese dem bunten Sandsteine angehörige Art bis in die Periode der Wellendolomitbildung, der ältesten, dem bunten Sandsteine unmittelbar folgenden Schichte des Wellenkalkes, sich erhalten haben. Ihr Vorkommen würde im Vereine mit den in ihr vorkommenden thierischen Resten, den zahlreichen Algenresten, vorausgesetzt, dass *Sphaerococcites distans* dieser Gruppe angehört, den Wellendolomit als eine Strandbildung betrachten lassen (vergl. Sandberger a. a. O. p. 5.).

Aus der Gruppe der *Farne* ist aus dem obersten Muschelkalke von Luneville die von Brongniart (hist. des veget. foss. p. 245. Tab. 76. Fig. 3.) beschriebene und abgebildete *Neuropteris Gaillardoti* als einzige Art dieser Gruppe bekannt. Ich habe keine Exemplare untersuchen können. Nach Brongniart ist sie mit den in dem bunten Sandsteine vorkommenden Arten, der *Neuropteris elegans* Brongniart und *N. Voltzii* Brongniart verwandt, unterscheidet sich aber durch die breiteren Segmente, den wenig vortretenden Mittelnerven, und die an der Basis freien Segmente. Mir scheint sie der *Neuropteris elegans* am Nächsten zu stehen und von dieser hauptsächlich durch die breiteren Segmente und den weniger ausgeprägten Mittelnerven verschieden zu sein. Taf. V (1). Fig. 3. VI (2). 3. gebe ich eine Copie der Abbildung Brongniart's.

Die bei Weitem grösste Anzahl der Pflanzenreste der Muschelkalkformation gehört der Familie der *Coniferen* an. Unter ihnen erwähne ich zuerst der von Zigno (a. a. O. p. 16. Tab. 2. Fig. 4.) abgebildeten und beschriebenen *Echinostachys Massalongi*. Ich habe das Original dieser Abbildung nicht untersuchen können, muss aber gestehen, dass ich, nach dem Vorkommen derselben in den Kalken über dem bunten Sandsteine, als auch nach der Abbildung und ihrer Aehnlichkeit mit sehr zerdrückten Exemplaren des *Araucarites recubariensis* Zigno diese *Echinostachys*-Art für eine Conifere und zwar für einen Erhaltungszustand der obengenannten *Araucarites*-Art halten muss.

Nach Benecke's Mittheilung gehört *Taxodites Saxolympiae* vom Sasso della Limpia (Zigno, a. a. O. p. 17. Tab. 9. Fig. 1. 2.) zwar der Muschelkalkformation an, jedoch bleibt es zweifelhaft, ob auch demselben Niveau, welches die *Araucarites*-Arten Zigno's einschliesst. Das von Zigno abgebildete Zweigfragment darf ohne allen Zweifel den Coniferen angehörig betrachtet werden, seine Unvollständigkeit jedoch, sowie der Mangel aller anderen Anhaltspunkte erlaubt keinen sicheren Schluss auf die nähere Verwandtschaft desselben mit einer der Coniferen der Jetztwelt. Erst vollständiger erhaltene Exemplare werden dies möglich machen. Nach Zigno Abbildung (Copie auf Taf. VI (2). Fig. 4. 4. a) besitzt das Fragment lineare, stumpfe, spiralig stehende, mit herablaufender Basis an dem Zweige ansitzende Blätter.

Aus den Cölestinschichten von Wogau bei Jena, dem untersten Wellenkalke angehörig, werden von Schmid und Schleiden (Geognost. Verhält. des Saalthales b. Jena. p. 19) Kohlenbildungen von sehr geringer Ausdehnung beschrieben. Schleiden, welcher die Kohle einer Untersuchung unterwarf, wies a. a. O. p. 68 nach, dass dieselbe hauptsächlich einer Conifere ihren Ursprung verdankt. Er bezeichnet diese Conifere als *Pinites Göppertianus*. Die mir von Herrn Professor E. Schmidt übersandte Probe dieser Kohle, welche vollständig in Pulver zerfallen war, liess nur einzelne Holzzellen mit Doppeltüpfeln erkennen. Ich muss deshalb auf Schleiden's Angaben verweisen, nach welchen die Holzzellen mit grossen, einreihigen Tüpfeln versehen und die Tüpfelreihen unterbrochen sind; in den Markstrahlenzellen konnten von Schleiden weder Tüpfel noch Poren nachgewiesen werden. Dass die Wände der Holzzellen stark aufgequollen sind, ist bei der Entstehung der Kohle nicht auffallend. Im Querschnitte gibt Schleiden Harzgänge an; es ist sehr zweifelhaft, ob die von Schleiden abgebildeten Lücken in dem Gewebe als solche betrachtet werden dürfen. Es sind jedoch nicht allein die Reste einer Conifere, welche an der Bildung dieser Kohle Antheil hatten; sie besteht nach Schleidens Angabe auch noch aus Blattfragmenten, *Phyllites Ungerianus* Schl., welche sehr vereinzelt als kleine, zarte, heller gefärbte, biegsame, mehr durchscheinende Läppchen zwischen den aus Coniferenholz bestehenden Lamellen bei dem Maceriren mit kohlensaurem Natron erhalten werden. Das Blatt besass auf beiden Flächen Spaltöffnungen, die Epidermiszellen der Unterfläche haben gebogene Seitenwände, jene der oberen Fläche mehr gerade. Drüsenhaare und einfache Haare kommen auf beiden Flächen des Blattes vor. Auch Parenchymzellen des unter der Epidermis liegenden Gewebes haben sich erhalten. In den letzteren befinden sich Körnchen, welche Schleiden für Chlorophyllkörner erklärt, in den Epidermiszellen dagegen einzelne grössere Kügelchen, zuweilen Körperchen, nach Schleiden Zellenkerne. Auch Theile von Gefässbündeln, einzelne Spiralfasern gelang es Schleiden nachzuweisen (Schleiden, a. a. O. p. 69. 70 Tab. 5 Fig. 10—17). Mit Recht bemerkt Schleiden, dass die Strukturverhältnisse der Fragmente keinen Schluss auf die Abstammung von einer bestimmten Pflanze erlauben; es lässt sich nur voraussetzen, dass diese Reste von einer Dicotyledone stammen. Zweifelhaft bleibt die Bedeutung des körnigen Zelleninhaltes, des Chlorophylls und der Zellenkerne, welche sich nach meinen Erfahrungen nicht sehr lange bei der Verkohlung der Pflanzentheile erhalten. Dieser Zelleninhalt wird ohne Zweifel für Harzkügelchen zu erklären sein. Sind die von Schleiden beschriebenen Pflanzenreste wirklich fossilen Ursprungs, so würde das Vorkommen von Dicotyledonen in der Muschelkalkformation mit ziemlicher Sicherheit anzunehmen sein und insoferne wären diese Fragmente von grosser Wichtigkeit, da sich weder in früheren Epochen, noch in den späteren bis zur jüngeren Kreide das Auftreten von Dicotyledonen mit Sicherheit nachweisen lässt. Indess lässt sich fragen, ob nicht ein Irrthum stattgefunden, und jedenfalls wird es wünschenswerth sein, durch eine nochmalige Untersuchung, welche mir nicht möglich war, da die mir vorliegende Probe derlei Fragmente nicht enthielt, die Thatsachen sicher zu stellen. Taf. V (1) Fig. 4—7 gibt eine Copie von Schleiden's *Pinites Göppertianus*; eine Copie des *Phyllites Ungerianus* zu geben, hielt ich bei den obwaltenden Zweifeln für überflüssig.

Aus einem noch nicht ganz sicher gestellten Niveau des Rauhthales bei Jena, dem tiefsten Muschelkalke oder dem Anhydrite, stammen die von Schleiden (a. a. O. p. 71. Tab. 5. Fig. 23—29) als *Endolepis vulgaris* und *Endolepis elegans* beschriebenen Pflanzenreste. Auch diese Fragmente gehören, wie ich glaube, der Familie der Coniferen an. Schleiden erklärt sie für Ausfüllungen des Markkörpers einer Dicotyledone; er betrachtet die länglichen, rhombischen Erhöhungen als Ausfüllung des dem Marke zunächst liegenden Theiles der Markstrahlen, die Furchen zwischen den Erhöhungen als Abdrücke der die Markstrahlen begrenzenden Holzbündel. Diese Erklärung der Struktur der Fragmente hat an sich nichts weder den Dicotyledonen, noch der Beschaffenheit der Reste selbst Widersprechendes; allein einmal ist das Vorkommen von Dicotyledonen in dem Muschelkalke überhaupt sehr zweifelhaft, sodann erinnern die länglichen, rhombischen Erhöhungen lebhaft an die rhombischen Blattansätze der Stammtheile von *Voltzia heterophylla* Brongn. (*Yuccites vogesiacus* Schimper et Mougeot, Flore du grès bigarré. Tab. 29. Fig. 4) und *Voltzia coburgensis* Schauroth. Nachdem ich durch Herrn Professors E. E. Schmid zuvorkommende Mittheilung im Stande war, Exemplare der beiden von Schleiden unterschiedenen Arten zu untersuchen, muss ich die Fragmente für Steinkerne der Zweige einer *Voltzia* oder einer mit *Voltzia* durch Anheftung und Stellung der Blätter verwandten Conifere halten. Dass sie dem Pflanzenreiche angehörten, geht unzweifelhaft aus dem an ihnen jetzt noch theilweise anhaftenden Kohlenüberzuge hervor. Die länglichen, rhombischen Erhöhungen sind die Abdrücke der Narben der Blattansätze, wie sie in ähnlicher Weise bei *Arau-*

caria excelsa und *A. Cuninghami* vorkommen. Ihre Entstehung erklärt sich ohne Schwierigkeit, wenn Zweige in die noch weiche Gesteinsmasse eingeschlossen wurden, den Abdruck ihrer Aussenfläche zurückliessen und nachdem dieselben zu Grunde gegangen waren, der von ihnen eingenommene Raum durch Gesteinsmasse wieder ausgefüllt wurde. Diese letztere musste den getreuen Abguss des früher vorhandenen Zweiges liefern.

Dass die Zweigfragmente von zwei verschiedenen Arten stammen, dafür spricht die von Schleiden hervorgehobene Verschiedenheit der länglichen rhombischen Erhöhungen, welche auch bei Exemplaren von ganz gleichem Durchmesser vorhanden ist, demnach kaum Folge einer Altersverschiedenheit sein kann (Taf. VI (2) Fig. 1, 1 a. 2, 2 a.).

Ich bespreche hier sogleich jene Pflanzenabdrücke, deren Schleiden (a. a. O. p. 72) aus dem Saurierkalk, dem Niveau der beiden *Endolepis*-Arten, erwähnt. Auch diese konnte ich durch die Güte des Herrn Professor Schmid zu Jena vergleichen. Ihren vegetabilischen Ursprung halte ich für ausser Zweifel, indess ist es nicht möglich, sie auf irgend eine bestimmte Gruppe zurückzuführen. Auch in dem *Trigonodus*-Dolomit von Rothenburg an der Tauber kommen verkohlte, astähnliche Pflanzentrümmer vor, deren Kohle strukturlos ist. Die letzteren mögen vielleicht Aststücke einer baumartigen Pflanze sein; die erstern können ihren Ursprung kleineren Anhäufungen pflanzlicher Reste verdanken, deren Form und Struktur durch den Verwesungsprozess vollständig vernichtet wurde. Zuweilen zeigen die Abdrücke derselben parallele Längsstreifen oder netzförmig sich kreuzende Leisten; es sind diese sicher erst später durch Sprünge in der Kohle entstanden, in welche das noch nicht vollständig erhärtete Umhüllungsmaterial eindrang.

Der von Zigno (a. a. O. p. 23. Tab. 7. Fig. 1—3) beschriebene *Araucarites pachyphyllus* ist hinsichtlich der Formation, welcher er angehört, zweifelhaft. Zigno bezeichnet ihn als eine Pflanze des bunten Sandsteines, Pirano dagegen als dem Muschelkalk angehörig. Die Art ist durch breiteiförmiglanzettliche, dachziegelig übereinander liegende, mit breiter Basis ansitzende Blätter ausgezeichnet und steht den südamerikanischen Arten von *Araucaria*, der *A. brasiliensis*, *A. imbricata* und der neuholländischen *A. Bidwilli* nahe. Wie in manchen anderen Fällen haben sich auch bei dieser Art die Spaltöffnungen erhalten; die von Zigno angegebene Punktirung der Blätter ist durch sie bedingt. Unter den fossilen, mit *Araucaria* durch den Habitus verwandten Coniferen steht sie dem von Gümbel aus den Seefelderschiefern beschriebenen *Cupressites alpinus* nahe, mit welchem ich sie auch früher (Beitr. zur Keuper- und Bonebedflora, p. 77) identisch erklärte. Da indess das Niveau von Zigno's Art, wenn es auch noch nicht feststeht, in keinem Falle jenes der Seefelderschiefer ist, die Blätter der letzteren Art etwas schmäler sind, von der einen die Zapfen gänzlich unbekannt, von der anderen in der Sammlung zu Innsbruck nur ein schlecht erhaltener Zapfen sich befindet, so dürfte es gerathener sein, beide Arten getrennt zu halten und für jene der Seefelderschiefer den von mir in den Sammlungen zu Innsbruck und München benutzten Namen *Araucarites alpinus* anzuwenden.

Ich wende mich nun zur Besprechung der aus dem obersten Wellenkalke von Recoaro stammenden Coniferen, welche Zigno nach den von Massalongo hinterlassenen Aufzeichnungen und Exemplaren in zwei Arten schied: *Araucarites recubariensis* Massal. und *A. Massalongi* Zigno. Die Coniferenreste kommen in den obersten Schichten des Wellenkalkes sehr häufig vor, ihr Erhaltungszustand, die auf den nämlichen Platten und Handstücken mannichfach durcheinander liegenden Fragmente älterer und jüngerer, entblätterter und noch mit Blättern versehener Zweige neben einzelnen Blättern, Blüthenständen, Schuppen, Zapfen und Samen lassen mit Bestimmtheit auf eine theilweise, schon vor dem Einschlusse erfolgte Zerstörung der einzelnen Reste schliessen und geben Aufschluss über die Vorgänge bei dem Einschlusse. Es sind ohne Zweifel Fragmente, welche in ruhigem Wasser durch Strömung zusammengetrieben sich ansammelten und langsam von den entstehenden Absätzen eingeschlossen wurden.

Es wird zunächst zu untersuchen sein, ob die Coniferenreste des Wellenkalkes von Recoaro der Gattung *Araucarites* verbleiben, oder ob sie nach den von Benecke mitgetheilten Zapfenfragmenten und Zapfen einer anderen Gattung einverleibt werden müssen. Insoferne der Habitus der Zweigfragmente und der Taf. IX (5) Fig. 9 abgebildete Zapfen berücksichtigt wird, lässt sich gegen die Stellung der Coniferenreste unter *Araucarites* nichts einwenden, da dieselben mit *Araucaria excelsa* grosse Analogie haben. Allein die einzelnen, losgetrennten Zapfenschuppen (Taf. IX (5) Fig. 3. 5), deren oberer Theil vollständig oder beinahe vollständig erhalten ist, ferner die nur theilweise erhaltenen Zapfenschuppen (Taf. IX (5) Fig. 4) beweisen, dass sie der Gattung *Voltzia* angehören. Dies bestätigen auch die geflügelten Samen (Taf. XI (7) Fig. 1, a), deren Flügel an der Spitze ausgeschnitten ist. Auch das Taf. VIII (4) Fig. 4 abgebildete, sehr unvollständig erhaltene Zapfenfragment spricht für diese Gattung; es steht dem von Schimper und Mougeot abgebildeten Zapfen von *Voltzia heterophylla* nahe. Aus allen diesen Verhältnissen ergibt sich eine wesentliche Uebereinstimmung mit *Voltzia heterophylla* Brongn. des bunten Sandsteines, deren Zapfenschuppen jedoch an der Spitze gekerbt, nicht getheilt sind, welcher Unterschied die Trennung als Art, aber nicht als Gattung rechtfertigt. Auch das abgebildete Zapfenfragment schliesst sich genau an den von Schimper und Mougeot Taf. 16 Fig. 2 dargestellten Zapfen an, nicht weniger entsprechen die männlichen Blüthenstände (Taf. VI (2) Fig. 5. 6 u. Taf. IX (5) Fig. 6. 7. 8) jenen von *Voltzia* (Schimper und Mougeot, l. c. Tab. 16 Fig. 1).

Noch ist ein Charakter hervorzuheben. Die beiden *Voltzia*-Arten des bunten Sandsteins und der Lettenkohle zeichnen sich durch zwei Samen auf jeder Schuppe aus. An den bei Recoaro beobachteten Schuppen bemerkt man (Taf. IX (5) Fig. 3. 5) rundliche oder ovale seichte Eindrücke, welche von Samenknospen herzurühren scheinen, während das Fragment einer Schuppe (Taf. IX (5) Fig. 4) an der Basis nur zwei stark vertiefte Eindrücke zeigt. Ist auch die Zahl der Samenknospen eine grössere als bei *Voltzia*, ist die Verschiedenheit des Zahlenverhältnisses nicht bloss Folge der Altersverschiedenheiten der Schuppen, ist sie nicht durch Fehlschlagen der Samenknospen bedingt, so glaube ich doch nicht, dass die Aufstellung einer Gattung gerechtfertigt wäre, da auch bei den Coniferen der Jetztwelt die Zahl der Samen bei derselben Gattung nicht immer dieselbe ist.

Eine andere Frage ist, ob die Coniferenreste nur einer einzigen Art oder mehreren angehören. Zigno unterscheidet zwei Arten, Massalongo zählt diese zwei verschiedenen Gattungen, *Araucarites* und *Brachyphyllum*, bei. Ich selbst habe in der Flora der Grenzschichten p. 182 gelegentlich bemerkt, dass die beiden Arten Zigno's zu vereinigen seien. Zigno unterscheidet die beiden Arten durch die männlichen Blüthenstände, die Antheren, die Verästelung der Zweige und durch die Form der Blätter. *Araucarites recubariensis* Massal. wird durch längsgerippte, konische, drei- bis vierkantige, abstehende, an der Spitze stumpfliche oder etwas sichelförmige, an der Spitze hackige Blätter, cylindrische männliche Blüthenstände und elliptische, an der Spitze stumpfe Connective charakterisirt. Die Zweige des *A. Massalongi* Zigno sollen dichotom oder alternirend, die Blätter aufrecht, dachziegelig übereinander liegend, lanzettlich elliptisch oder linear, etwas sichelförmig gebogen, gekielt, punktirt, an der Spitze stumpf, die männlichen Blüthenstände verlängert cylindrisch sein.

Die von Zigno geltend gemachten Unterschiede scheinen mir nicht so gewichtig zu sein, um durch sie die Scheidung in zwei Arten zu begründen. Ich habe die Originale Zigno's nicht gesehen, allein unter den von Benecke gesammelten Exemplaren befinden sich mehrere, welche mit den Abbildungen Zigno's übereinstimmen. Diese letzteren unterscheiden sich allerdings. Indess die Fig. 1 der Taf. VI Zigno's und Fig. 3 der nämlichen Tafel enthält Zweigfragmente, welche unzweifelhaft als jüngere Zweigspitzen zu *A. recubariensis* Massal. gehören, die letztere Figur enthält sogar einen älteren Zweig dieser

Art. Es sind diese Unterschiede ohne Zweifel nur durch das Alter der Zweige und durch die Lage der Blätter hervorgerufen. Die Richtung und Form der Blätter ist bei den Coniferen vom Alter des Zweiges abhängig, und die Verästelung ist eben nur insoferne dichotom, als von *A. Massalongi* nur Spitzen von Zweigen abgebildet sind.

Zigno erwähnt ferner bei den Blättern seines *Araucarites Massalongi* eines Kieles, welcher nicht immer sichtbar sei, und feiner Punkte. Letztere sind ohne Zweifel durch die Spaltöffnungen veranlasst; ich habe sie bei keinem Exemplare gesehen. Ihre Sichtbarkeit wird aber wesentlich durch die Art der Erhaltung bedingt. Ihr Vorhandensein überhaupt würde auch noch kein Grund zur Trennung der Exemplare in zwei Arten sein, erst die nähere Beschaffenheit derselben, z. B. ihre Anordnung, könnte dazu benutzt werden. Schon der Umstand, dass ein Kiel nicht immer sichtbar sei, muss seine Bedeutung zweifelhaft machen; es zeigen aber auch Exemplare, welche unzweifelhaft dem *Araucarites recubariensis* entsprechen (Taf. IX (5) Fig. 1), einen solchen Kiel an einzelnen, mit der Rückenseite nach aussen gekehrten Blättern. Auch die von den Blüthenständen genommenen Charaktere scheinen mir keine grössere Bedeutung für die Unterscheidung zweier Arten zu haben, als jene den Blättern entnommenen. An den von Zigno abgebildeten Blüthenständen tritt kein anderer Unterschied hervor, als jener, welcher durch Altersverschiedenheit bedingt würde. Die zu *A. Massalongi* gerechneten Blüthenstände sind hauptsächlich nur durch die Grösse verschieden und verhalten sich zu jenen des *Araucarites recubariensis* wie noch nicht vollständig entwickelte Blüthenstände zu entwickelten. Die Abbildungen zeigen keinen Unterschied in der Form der Connective, welcher in den Diagnosen Zigno's hervorgehoben wird. Ich zweifle deshalb kaum, dass beide Arten identisch sind. Für die Verschiedenheit der beiden Arten könnte nur etwa die Beschaffenheit der Zapfenschuppen geltend gemacht werden. Die Taf. IX (5) Fig. 3. 5 abgebildeten, mehr oder weniger vollständig erhaltenen Zapfenschuppen zeigen zum Theile drei, zum Theile fünf Einschnitte. Es sind jedoch wahrscheinlich stets nur drei vorhanden, da bei dem Exemplare Fig. 12 die Spitze nicht erhalten und der untere, allein vorhandene Theil der Schuppe durch Zerrung zerrissen ist. Fig. 3 u. 5 sind besser erhaltene Schuppen, deren Abschnitte zum Theile vollständig erhalten sind. Es ist wenigstens nach den mir vorliegenden Exemplaren kaum wahrscheinlich, dass die Coniferenreste von Recoaro zwei verschiedenen Arten angehört haben.

Auch auf das allerdings sehr verschiedene Aussehen der beiden Taf. VIII (1) Fig. 4 und Taf. IX (5) Fig. 9 abgebildeten Zapfen wird kein allzugrosses Gewicht gelegt werden dürfen. Der erstere ist sehr unvollständig erhalten und durch

Druck und Zerrung verändert. Er hat ohne Zweifel schon vor dem Einschlusse durch äussere Einflüsse sehr gelitten, auch scheinen seine Schuppen geöffnet gewesen zu sein. Der letztere ist vollständiger erhalten, der Umriss des ganzen Zapfens erkennbar, die Spitzen der Schuppen sind deutlich sichtbar. Es scheint ein jüngerer Zapfen zu sein. Das mir vorliegende Exemplar ist in tiefem Hohldrucke erhalten, die Unebenheiten des Hohldruckes sind theils Reste, theils Abdrücke abgebrochener Schuppen.

Die Erhaltung der Zweige ist ziemlich mannigfaltig und kann unter Umständen zur gänzlichen Verkennung derselben führen, wenn nicht eine grössere Anzahl von Exemplaren zur Vergleichung vorliegt. Die Zweige kommen entweder mit Blättern mehr oder weniger vollständig versehen, aber auch ohne dieselben vor (Taf. VII (3) Fig. 1. VIII (4) Fig. 1. 2). Sind einzelne Blätter noch vorhanden, so kann über die Identität solcher Exemplare mit vollständiger erhaltenen kein Zweifel sein, solche Exemplare geben aber auch Aufschluss über die gänzlich der Blätter beraubten Zweigreste. Es ist der Holzkörper oder dessen Abdruck, welcher erhalten wurde. In der Regel sind sie der Länge nach gestreift, stark zusammengedrückt, je nach dem Alter von wechselndem Durchmesser, 1—3''' breit. Diese Zweigreste können für Blattsticle von Cycadeen oder für Equisetitenreste gehalten werden, *Calamites Meriani* Schauroth und *Acthophyllum speciosum* Massalongo gehören, insoferne sie im Wellenkalk angegeben sind, hieher; es lässt sich jedoch an ihrem Ursprunge aus dem oben erwähnten Grunde gar nicht zweifeln. Ebenso finden sich in Kohle umgewandelte Stücke von Stammtheilen und Aesten (Taf. VII (3) Fig. 2) in Begleitung der Zweige, welche unbedenklich als Coniferenreste erklärt werden dürfen. Sie sind, namentlich jene von grösserem Umfange, rissig, jene von kleinerem Umfange mit feinen Längsstreifen versehen. Die Kohle lässt die Zusammensetzung aus Holzzellen unzweifelhaft erkennen, Tüpfel habe ich jedoch nicht finden können. Diese Fragmente können mit stärkeren Equisetitenfragmenten verwechselt werden, zu ihnen gehört das von Schauroth im Verzeichnisse der Naturaliensammlung zu Coburg erwähnte *Equisetum Meriani* (Nr. 3579).

Die blätttragenden Zweige sind sehr zahlreich, sie kommen in verschiedenen Altersstufen vor und werden die Blätter bald von der Seite, bald von der Fläche gesehen. Aeltere Zweige charakterisiren sich zunächst schon durch ihren bedeutenderen Durchmesser, ferner durch die grösseren, mehr abstehenden Blättern, welche an den jüngeren Zweigen mehr aufrecht gerichtet sind, obwohl auch an jüngeren Zweigen die Blätter zuweilen abstehen (Taf. VII (3) Fig. 3. 5). Jüngere Zweige sind die auf Taf. VII (3) Fig. 3—5, Taf. VIII (4) Fig. 5 und Taf. IX (5) Fig. 2 abgebildeten Exemplare, zu den älteren Zweigen gehören Taf. VII (3) Fig. 1. VIII (4) Fig. 2. 3. 5. IX (5) Fig. 1. X (6)—XII (8), deren Blätter meist von der Seite gesehen werden, Taf. IX (5) Fig. 1 und Taf. XII zeigt sie überdies auch von der Fläche, wie dies bei den jüngeren in Fig. 2 der Taf. IX (5) und VII Fig. 5 der Fall ist. Die Form des Blattes ist nach der Combination der Ansichten, welche sie gewähren, eilanzettlich, gegen die Basis verschmälert, sitzend, an der Spitze nach einwärts gekrümmt. Die Eindrücke und die ziemlich starken Kohlenreste beweisen, dass die Blätter ziemlich dick waren. Sehr selten sind beblätterte Zweige, welche an der Spitze Knospen (Taf. VII (3) Fig. 5. VIII (4) Fig. 5) oder Blüthenstände tragen (Taf. VIII (4) Fig. 3).

Die Blüthenstände (Taf. VI (2) Fig. 5. 6, Taf. IX (5) Fig. 6—8) sind männliche, deren Grösse nicht immer gleich ist, ohne Zweifel Folge der Altersverschiedenheit. Sie sind cylindrisch, meist der Länge nach durch das Spalten des Gesteines halbirt, so dass die Axe frei liegt. Die von den übrigen ziemlich abweichende eiförmige Gestalt des auf Taf. VI (2) Fig. 5, 6. abgebildeten Exemplares ist veranlasst durch die Lage derselben in dem Gesteine, sie sind schief von oben sichtbar. An Exemplaren, an welchen die Connective der Antheren besser erhalten sind, erkennt man ihren lanzettlichen Umriss (Taf. IX (5) Fig. 6). An einzelnen Antheren ist die Spitze des Connectivs von der Seite gesehen Taf. IX (5) Fig. 7 sichtbar. Die Erhaltungszustände der Zapfen habe ich bereits früher erwähnt.

Die bei Recoaro vorkommende Art steht dem aus dem rothen Sandsteine des Imperinathales bei Agordo beschriebenen *Araucarites agordicus* Unger (Abh. der Akad. zu Wien Bd. II pag. 123. Tab. 20 Fig. 16 gen. et spec. pl. foss. pag. 382) nahe. Ohne Zweifel gehören diese Pflanzenreste ebenfalls zur Gattung *Voltzia*. Ueber die Identität oder Verschiedenheit der Art muss jedoch eine weitere Untersuchung entscheiden.

Gehören die bei Recoaro in den obersten Schichten des Wellenkalkes vorkommenden Coniferenreste zu einer einzigen Art, ist die Identität derselben mit der von Unger beschriebenen *Araucarites*-Art wegen des verschiedenen Niveaus kaum anzunehmen, so kann keine der bisher benutzten Bezeichnungen verwendet werden. Doch wird sich die Verwendung des von Massalongo gegebenen Artnamens empfehlen und die Reste als *Voltzia recubariensis* zu bezeichnen sein, wenn auch die Umgrenzung der von Massalongo unterschiedenen Art eine andere, als die von mir vorgeschlagene ist.

Voltzia recubariensis, truncus arboreus, rami alterni pinnati, folia ovatalanceolata imbricata spiraliter posita integra, basi decurrente sessilia, apice acutiuscula, juniora erecta obliquo patentia subfalcata, adultiora patentissima falcata apice uncinata, amenta mascula terminalia cylindrica, squamae